高円寺古本酒場ものがたり

狩野俊

晶文社

ブックデザイン　藤田知子

高円寺　古本酒場ものがたり

目次

I　店長日記

V　中央線・古本屋のひと

Ⅰ　店長日記

二〇〇六年

七月

蕎麦屋と銭湯

蕎麦屋でラーメンを食べながら、『鬼平犯科帳』を読む、漫画版でね。これって、ものすごく日本的な情景じゃないだろうか。中国から来た麺を、蕎麦屋で食べ、江戸時代の話を、二十世紀の日本で花開いた漫画という表現で読む。おかしくて思わず笑ってしまった。しみじみと平和のありがたみを噛みしめる。

久しぶりに小杉湯に行く。土曜日なので混んでいるかと思いきや、四人しかいない。恐いくらいに空いている。シャワーで身を清め、ミルク風呂に入る。鼻からふーっと息が漏れ、その後に「あへー」と言葉にならない吐息が。四三〇円でこの快感は安い。高い天井を見上げる。窓からは明るい空が見える。夏なのでくっきりとしているが、湯煙に覆われた室内を見上げるのもいいのだ。雲の中にいる気分になる。地震になったら、降ってくるガラスからどう逃げようか思案するのだが、いつもいい考えは浮かばない。

水に浮かぶアヒルのおもちゃを手にする。「こすぎゆっこ」と油性ペンで書いてある。あまりにも間抜けでおかしいが、番台に座っている実直そうな店主が、このおもちゃに書いたのかと思うと、人間というのはそう捨てたものではないという気持ちになってくる。良い仕事というのは、こういうところにも転がるようにあるものなのだ。

井上荒野さん

お知らせから。本日は店内メンテナンスのためにお休みさせていただきます。エアコンが故障しまして、夜じゃないと修理に来れないそうで。明日からのイベントのため今日中に直したいので、すみませんがよろしくどうぞ。

いつもこんなこと書いているんだけど、七月も終わるよ。八月だよ、お盆だよ。京都に行って帰ってきたら、すぐに店で「てぬぐい展」だし、あっという間に来月も終わりそう。そしたらもう九月、秋だよ。早い早い。

明日は井上荒野さんのトークショーを開催します。考えてみると、女性の作家で一番よく読んでいるのが、彼女の作品なんです。予約も順調だし、有名な方も多数いらっしゃるみたいなので、僕のミーハーごころを大いに刺激するイベントになりそうです。聞き手は中川五郎さん。限定二五人なんですが、席に少し余裕もございます、良かったら来て下さい。

七時会場　七時半開始　チャージ二〇〇〇円。

冷夏

冷夏なのではないか。先週の週末に当店のあるあづま商店街で、毎年恒例の内輪で楽しむ福引と縁日大会が開かれた。会場にたむろしている商店主の顔ぶれを見ながら、去年の記憶があぶり出しのように浮かび上がってきたのだ。去年はひたすら暑かった、凶暴なまでの夏であった。それに比べて今年は長袖の人までいた。老人が多いというのを割り引いても、少し異常なのではないだろうか。八百屋でもほうれん草などの葉物野菜は高くなっている。この時期に投げ売り状態になる大葉も、今年は値が下がっていない。テレビはあんまり見ないのだが、どういう報道をしているのだろう。

九三年だか九四年の冷夏は凄かった。米を輸入したんだ。店頭からは日本米が消え、タイ米しかなかったのだから、すごかったなあ。あの頃から麺食中心だったので、影響もなかったけど、米好きの友人が泣いてこぼしてたのはよく覚えている。一〇年以上前か、早いな。さあ、仕入れだ。

一日の売上げ

店を開いて一時間。カウンター席には誰もいない。お客がこない。……そういえば、国立時代の一日の売上げ目標は一万円だった。もちろん、きつい数字だった。ここ高円寺は一日二万円だ。いまのところみなさんのおかげで、なんとかなんとか。

八月

「てぬぐい展」初日

「てぬぐい展」初日。QBB（兄弟マンガコンビ）の久住昌之・卓也ブラザースと石丸澄子女史の三人での公開座談。テーマは中央線。東京駅から出発したオレンジの中央線に乗って、神田、御茶ノ水、四ッ谷、新宿、中野までの車中の立ち話風のお話。三人は鉄路の上なのに右往左往しながら進んでいくのだ。

東京駅でのテーマは「駅弁」。さすがは名作『かっこいいスキヤキ』の原作者・昌之さん、ご自身お薦めのシュウマイ弁当への語りは、観察眼に裏打ちされていて、聞く人を引き込まずにはいられない。ディテールがすごい。デザートのあんずを食べるタイミングやら。とにかくすごい。神田では蕎麦屋の話、御茶ノ水では卓也さんの白内障手術のこと、四ッ谷での某有名人の暴露話と初めてホテルでのカンヅメ体験、新宿での飲み屋談義、中野ブロードウェイ裏話、そして最後は昌之さんのライブ。まさにぎっしり詰まった幕の内弁当状態だ。これでチャージはたったの五〇〇円。シュウマイ弁当も顔負けのお得感。毎度ありがとうございます。

初日らしく賑やかで、二〇人以上の方が詰めかけてくれた。イベント終了後は店内でわいわいとした社交が始まり、アルバイトの公家さん曰く「クラブみたい」。九時までは、カウンターの中で一人だったので疲労困憊だったけど、こういう日の疲れは心地良い。

九月半ば過ぎまで、久住卓也氏石丸澄子女史制作の、この「くすすみてぬぐ展」と一緒に走っていく。店内で、扇風機の風で揺れているてぬぐい達は、マラソンの沿道で手を振っている観客のようだ。これから、新作もどんどん登場する予定なので、最後まで飽きが来ないようになっているのだ、是非何度も足をお運び下さい。

某ハウス

ワイドショーをほとんど見ない。それでも最近まで騒がれていた秋田の「鈴香容疑者の事件」は嫌でも目にする機会はあった。あれでもそうだし、ジョンベネ事件でもそうだけど、モザイク越しで顔をさらして、昔の知人友人、はたまた元の旦那とかいうのがコメントするんだけど、あれは本当に見ていて醜い。鈴香容疑者の元旦那が「子供を殺しかねない女だと思ってた」と堂々と言う。お前の子でもあるんだろうが、恥知らずな馬鹿。人を殺したのは悪いけど、それでもそんなに簡単に話すなよ、どこが元旦那だよ。そう思う。

荻原魚雷さんと石田千さんのトークショーの感想を書こうと思ったが、ここまで書いていて、怒りが沸き上がってきたので、感想は明日に延ばす。

先週末と月曜と、忙しいイベントが続いたので、昨日の休みはなにもする気が起きないくらいにボーっとする。それでも、すること、しなくてはいけないこと、しなくてもいいけど、いや、むしろしない方がいいんだけれどしたいこと、などが目白押しなのだが、依然として夏日の東京を彷徨う。新宿に行って知人と会い、その人の車で白金にある某所を案内してもらう。

近代的なマンションに囲まれた道路の奥に、タイムスリップしたような古い洋館が建っている。こまめに手を入れられている、古いが廃れている気配は微塵も感じられず、凛とした姿には緊張感さえ感じられる。某財団法人が管理しているこの建物は、昭和の生き証人でもあるのだ。銀座にある誰でも知っている貴金属商の一族が住んでいたのを、戦後、GHQが接収し、東京裁判の時には連合国の検事の宿舎として使われていた。

ひょんなことから知り合った知人が、この財団の首脳と深い関係だと知り、お願いして中を見せてもらえることになったのだ。サンフランシスコ講和条約の後、元の持ち主に返されることなく、ジャパン・ロビー（ACJ＝アメリカ対日協議会）の事務所として使われ、エリザベスサンダーホームの沢田美喜（三菱本家岩崎久弥の長女）の旦那沢田廉三（外務次官、国連大使）や、白州次郎が出入りしたとても興味深い建物なのだ。蟬の鳴く外に比べ妙にひんやりとした中の空気が印象的だった。歴史が幽霊になって漂っていたような、空間のねじれを感じた。白昼夢のような八月の昼だった。

コクテイル文庫『借家と古本』

いよいよコクテイル文庫第一弾、荻原魚雷著『借家と古本』が近日中に発売できることになりました。装画はおなじみ石丸澄子さん。一色刷だが、ほのぼのとした中にも力強さがあるいい出来です。なんだかんだとここまで時間がかかってしまった。僕の性格なんだけど、簡単になんでも出来ると思って、考えなしに足を踏み込んでしまうのです。古本屋になるときもそうだし、居酒屋を併設するときも、そして今回も。本はぱんぱんとすぐ出来るものだと思っていました。浅はかで、無謀なんです。人生を押し広げるという良い面もあるんだけど。昨日、店に来た魚雷さんに「印刷代足らなかったら、遠慮しないで言ってね」と、優しさを遥かに越えた心配顔で言ってもらった。有り難いことだが、情けないことでもある。

先日の魚雷さんと千さんのトークショーで一番心に残っている言葉が「狩野さんは商売が下手だから」という一言だった。古書業界では、僕がどれほど儲けてるかという嫉妬とやっかみの嵐なんだけど、本当に儲かっていないんだよね。昨日も古本の値札張りが終わって店に行こうとすると「昼儲けて、夜も儲けて、そんなに稼いでどうすんの」と某爺に言われ、疲れもあって黙殺して出ていったんだけどさ。お金があったら僕は働かないから。一見、景気が良さそうに見えてる、その下の実態を見抜くとは、さすがは未来の文豪荻原魚雷と感心することしきりでした。

二人のトークショーは、四〇分話すと三〇分休むという妙なローテーションで。その休みの時間に二人が会場の人と談笑するという、パーティーみたいな感じで、でも、それが会場に二人の空気を注入してなじませるという、新しい形でとても面白かった。二〇人の観客は大よろこび。フェース・ツー・フェースだ。病院の話、銭湯の話、野球の話、二人の会話のテンポからして、ほとんど茶飲み話なんだけど、これが人柄と経験なんだろうね。話が深いので飽きが来ずに楽しめたのです。派手じゃないけど贅沢な御馳走を食べた感じかな。滋味という奴ですね。

盛り上げようと千さんが「即答で答えを返してね」と質問をしても、魚雷さんは「ああ、土橋っていうのはね」と即答せずに質問の解説を始める。おかしかったなあ。ちなみに、土橋とはヤクルトスワローズの土橋。二人ともヤクルトファンなのです。最後にうつむきながら、魚雷さんの文章について話す千さんがとても印象的でした。またやってほしいなあ、と一ファンの店主は思うのでした。

ビバ大阪、ビバキャバレーユニバース

関西紀行を書いておかないと記憶が風化してしまう。ぼくより評判のいいバイトの公家さんが、その間、店のマスターだった。京都を割愛して大阪のみ書きます。大阪は難波と新世界に行ってきました。なんばウオークという巨大な地下街を歩きながら、過剰な看板と宣伝文句にくらくらしてくる。この街はとにかく全てが過剰で、隙あらばこちらに侵入してこようとしてくる。街から犯されそう。

オープンスペースのラーメン屋がまるで江戸時代の茶屋のようだ。三五度の暑さも物とせ

ず、大阪人は汗をかきかきラーメンを啜っていた。

難波と黒門市場の中間にそれはいた。あった、というよりもその存在感は「いた」、という表現がぴったりくる。キャバレーユニバースの建物も凄かった。見た瞬間、大阪に見事に犯されたのであった。その巨大さに圧倒される。どれくらいだろう、伊勢丹の倍くらいあるかな。その中に駐車場と小さな飲食店が二、三〇軒入っていて、巨大宴会場もあり、ジブリの映画に出てきそうなちょっと古ぼけたネオンで、「ここに楽園あり」と大文字で示している。建物の脇には光る木が無数に突き出ている。ものすごい派手。写真入りの看板を見ると、建物内部の説明がしてある。「回廊をわたると、そこは天国です」。魚の活け簀りの横には「天国には鯛やヒラメが舞い踊っています」。宴会場の奥に垂れ幕があり「どんちゃん騒ぎがごちそうだ」。ここには、物質への欲求を恥ずかしがる心持ちなどまったくない、それどころか、生きるというのはそのことを追求するものなのだという、ある意味清々しく感じられるほどのメッセージに満ちている。

そう、これこそが大阪の持つダイナミックさなのだ。死によって身体という物質がなくなるまで、物にまみれるというのが生きるということではないか。一度の生なら思いっきり楽しもうじゃないか。浪速のことは夢のまた夢、という秀吉の世じゃないけどね。ここには黄金太閤の夢の名残が今だに息づいている。凄いぞ大阪、凄いぞキャバレーユニバース。

それをしげしげと見上げ、黒門市場に向かう。ここも凄い、香港や台湾の市場みたいだ、アジアだな、と思った瞬間、雷のようにある思いに打たれた。違うんだ、大阪が特別にアジアっぽいんじゃないんだ、香港や台湾の流れがここ大阪まで繋がっているんだと、まさにこの国もアジアなんだと。中国旅行に行った時にガイドさんが発した言葉が蘇ってくる。「中国人は思ったことを現実にやってしまう国民です、万里の長城なんて日本人は考えても実行はしないでしょう」と。でも違うぞ、中国人よ。大阪人はキャバレーユニバースなんて普通の人間は考えても実行しないような、ある意味お馬鹿な建物を実際に作っちゃったぞ。万里の長城ほどではないけどさ。

大阪の街を歩き、アジアへ繋がる道を確信し、戦前言われていた「亜細亜は一つ」なんて言葉を笑い飛ばす。言われなくても一つになっているのだから。凄いぞ大阪。

九月

散歩にて

なんとなく体がだるい。という一文を読んで、こいつ今日サボるつもりかも、と思ったあなたは、きっと僕のことをよく知っている人ですね。このところ、吉祥寺や三鷹に行っては、ぶらぶらと散歩する。空が広いので歩いていて気持ちがいいし、幹線道路沿い以外は樹木が多いせいか、空気も澄んでいるような気がする。立川まで行くと、建物が低くなったところから山並みが見えてもっと良いのだが。福島の盆地の生まれで、常に山を見ながら育ったせいだろう、やはり故郷に似たところは安心するのだ。

歩きながら自問自答という自分との会話をする。仕込みの時にもそんな時間はあるのだが、歩きながらだと身体が動いているし、目に見える風景も常に変わるし、脳が刺激される。いつもより調子がいい。この一ヵ月に出会った人のことを考えたり、将来という霧の向こうに見える自分のことを思ったり、「家を出る」と短い日記を書いた友人の心境をおもんぱかったり。てくてく歩きながらもいろいろと思うことはある。

散歩の時は銭湯を休憩所にしている。目印の煙突を探しながら歩くので、目線を少し上にして歩く。すると空がよく見える。昨日の夕焼けはキレイだった。

壇一雄の大正コロッケ

しかし、今夜はよく出るな。壇一雄のコロッケだ。もう二〇個だ。思えば、このメニューは、『壇流クッキング』でおぼえたものだ。高円寺にやってきてからの店の定番でもある。

オカラに、アジやイワシといった青魚の切り身をいれて、そこにハンペンやキクラゲをまぜ、あげたもの。うまいんだなぁ。新しくやってきたお客さんはほとんど食べてくれる。

山師海に行く

嵐山光三郎『昭和出版残俠伝』読了。岡崎武志さんがブログで面白いと書いていたので読んでみた。僕も面白かった。周辺の友人を巻き込んで、竜巻のように立ち上がっていくストーリーに興奮する。本当に才能というのは集中するのだ。高平哲郎の『ぼくたちの七〇年代』を読んだときもそうだが、出てくる人間に貧乏が多いのにホッとする。もちろん自分と重ね合わせているのだが。

ご本人には二度ほどお会いしたことがある。二回目に某ギャラリーのワインパーティーで会い、知人が妙に気を回し、無理矢理目の前に座らせられたのだった。「先生のファンです、文人悪食（ぶんぴんあくじき）や文人暴食（ぶんじんぼうじき）を参考にして料理を作っています」と言うと、「ああ、今度、文庫になるんだよ文人暴食（ぶんじんぼうしょく）は」と言い直されて、本当に額から冷や汗が出たのを未だに覚えている。

昨晩は海外から一時帰国中の友人と酒を酌み交わす。この人は日本にいるときはやたら忙しくて会えず、かえって仕事を辞めて海外にいる今の方が会う機会が多いという、不思議な関係なのだ。今回は今まで住んでいた家を処分するために帰国という、言ってみれば過去を清算するために帰ってきた。仕事を辞め、妻とも離婚し、家族で住んでいた家を売り払い、身一つになったのだが、今の方がよっぽどいい顔をしている。

「まぐろ漁船とまぐろを加工する工場が日本円で三〇〇〇万で売られているんだよねえ」という話に興味を持つ。彼のいる国の周辺海域では、キハダマグロが捕れるらしく、それをカナダやアメリカの寿司バーに売るという産業が成立しているのだとか。まぐろに目がない日本人には不評なのだが、北米ではまぐろといえば彼の国というくらいの人気なんだって。目黒のさんまみたいだ。

実を言うと、飲み屋とか古本屋とか小商いは好きではない。アマゾンに行ってエメラルドを取ったり、武道館を借り切って興業をうったり、赤城に行って埋蔵金を掘ったり、結構一攫千金的な山師仕事に大いに興味があるのだ。だが、母がたの伯父がそんな性格の博打好きで、会社を一回潰しているから、その辺の心根をぐっと隠して一杯三五〇円の酎ハイや、一冊一五〇円の古本を売っているのだ。今の僕は世を忍ぶ仮の姿なのだ、なんてね。

日々の出会い

昨夜は石田千御一行が御来店。まるで、魚雷さんの『借家と古本』の刊行を祝っての集まりのようだった。みんなニコニコと祝ってくれて、照れながらも嬉しそうな魚雷さんが印象的だった。素敵な人には素敵な人々が寄り添っている。

魚雷さんの勧めの言葉もあり、千さんの本をコクテイル文庫で出せるかもしれない。総ページカラーの写真集のような本だ。嬉しいが、仕事の重さを感じると緊張する。なんとか迷惑をかけずにこなしたいものだと思うが、なにせ欠落しているものが多い人間だからなあ。でも、素直に嬉しい。

ある雑誌からはコクテイル文庫の取材をしたいというメールを頂く。久しぶりに嬉しい取材依頼だ。途中でへこたれたけど、生きているといいこともあるものだと、思わず近所の神社にお参りに行く。荻原魚雷さんという才能が世に出るのを少しでも手伝えるのは、これは大袈裟ではなくて生きている喜びに近い。別に僕だけの感情ではないと思う。荻窪ささま書店の野村君は『借家と古本』を五冊も買ってくれた。「そんなに買ってどうするの」と言うと、嬉しそうに「いろんな古本屋さんに配るの」と言っていた。酒と映画しか楽しみがなかった孤独な三〇歳の青年に、魚雷さんは生きる希望を植え付けてくれたのだ。うう、泣けてくる。関西方面の本屋さんからも問い合わせのメールを数通頂く。渦が大きくなる感じだ。

朝起きて、風呂に入って、食事を作って食べる。口をつぐみながらも、くちゃくちゃと咀嚼をして、行儀が悪いので合間に本を読み、食べながらも昨日の酒の澱を身体に感じて、飲まなくてはやって行けない日々に思いをはせる。なんとなく食欲がなくなり、食べる気がなくなったうどんを見下ろして、うどんを買うのに必要なお金と、それを稼ぐという仕事というのを考え、良いことばかりある訳ではない人生を思い、なんだよ人生って、生きるって、と。それでも日々の素敵な出会いに救われたりする。

十月

『古書月報』

古書組合の機関誌『古書月報』の連載記事についていろいろと悩んでいる。月の輪さんは「何でもよいよ、古本と関係ないことでも全然よいよ」と酔っ払って言っていたのだが、翌日まったく覚えていなかったそうだ。酔いの時と素面の時がそう変わらない人なので、たぶん本当に「何でもよいよ」と思っていてくれているのだろう。

苔花堂さんも「何を書いても良いですよ」と言ってくれているのだが、実は腹案があるみたいだ。今月号に今は亡き西鶴堂書店さんの思い出を書いたのだが、それをいたく気に入ってくれたみたいで、そんな感じに日の当たらない古書店主にスポットを当てる、ようなのをご所望みたい。

うーんとしばし悩んでしまった。基本的に好きな人のことじゃないと書けないから、西鶴さんくらいに思い入れのある人なんて、辰さんと悠山社さんくらいしかいないしなあ。あと何人か好きな古書店主はいるけどなあ、見開きで持つかなあとかぐだぐだ。その反対に嫌いな人はいるのかというと、そんなにいないんだね。

そこで思いついたのが古書現世の向井さんがやっているような「聞き書き」というもの。インタビューして、その人のことを書く。大好きな本橋信宏さんもやっているし、これならいけるかもと、仕込みをしながら（ちょうどさんまを三枚におろしていた）にやにやとしてしまう。本橋さんの仕事を参考にかあ、古書業界の本橋信宏なんて言われたりして、いやいや本橋さんに送っちゃって褒められたりしたらさあ。などと、いつものようにお馬鹿な妄想によいながら、さばいたさんまの味はいかがだったのでしょうか。

お知らせ
十月十七日の毎日新聞夕刊の「今夜も赤ちょうちん」というコラムに当店と「コクテイル文庫」のことを書いていただきました。店に置いておきますので読んでください。

メキシコの酒場

適度な運動はやはり身体に良いのだろう。今日は午前中の早い時間に起きてＤＶＤを一本観ることが出来た。その後、十年ぶりくらいにボーリングをしたのだが、重い玉を転がして勢いよくピンを倒すという、単純極まりないが、それゆえに奥が深いゲームを堪能した。もともとは荻窪ささま書店の野村君の投球フォームがあまりにも変だ、というのでみんなで集まって見物するという趣旨だったのだが、楽しめた。それはそれでまたよろしい。

「メルキアデス・エストラーダの3度の埋葬」を見終わって、未だに心がふわふわして心地よい。映画評をすると僕が馬鹿だとばれるのでする気はないし、映画評以外でも馬鹿だとばれていないと考えているのが馬鹿なのだが、しかし……。これ以上は堂々巡りになるのでよそう。それくらいには賢いのさ。

映画の中で出てきた酒場があるのだが、それがとてもすばらしく、昼過ぎなのに酒が飲みたい。窓も扉もない、あるのは屋根だけという建物。荒い塗り壁でカウンターともいえない横長テーブルで親父が肉みたいのを切っている。つまみはそれだけという感じだ。白黒テレビが店の高いところに置いてある。豆電球がクリスマスのように店内のいたるところにかけてあり、楽しげな雰囲気を出している。ようやく電話がアメリカに通じたと親父が客に伝えに来る。三つの電化製品だけが店の文明のすべてだ。しかし店のなんと文化的なことか。たんたんとピアノがラブソングを演奏している。トミー・リー・ジョーンズが何かを思い出すような目つきで窓の外に目をやる。荒れた地にも草は生え、遠くには低いが鋭角な山並みが見え、手前には朽ち果てた石壁がある。それを見ながら満足そうな笑みを浮かべる。人は小さい頃見た景色で人格や心が形成されると思う。あの風景を見て笑みを浮かべる主人公は何を見ながら大きくなったのだろう、なんてことを考えてみたりした。

ただ店があり、そこに人が寄り集まって酒を飲んでいる。なんて素晴らしいことなのだろうか。

値札張り

週末にある古書の即売会の値札張りがなかなか大変だ。通常は二日もあれば余裕で終わるのだが、今回は三日かけてもどうでしょうかという状態だ。市場で本を買いすぎたので、大変なことになっている。棚の数を増やしたのだが、それ以上の本を買ってしまった。安かった、という理由もあるけど、来月初めの秋田旅行の旅費を捻出するために、こんなふうに本まみれになっているのだ。生活にかかるお金を考えなくてよい日というのは、私に来る時はあるのだろうか。鏡でも神様でもよいから教えていただきたいものだ。

即売会の朝

二〇〇六年

古本の即売会も二日目の午前中ともなると暇。昼過ぎならもう少し人が出てくるのだろうが、天気の良い休日の午前中に埃を吸いに来る物好きはさすがに少ない。お金を出し入れする帳場の前に座りながら、買ったばかりの山本容子『マイ・ストーリー』を読み始める。

前日の酒も残っているし、さらに寝不足なので、なかなか文字が頭に入ってこない。物語に溶け込めない。それでも数ページ読んでは、目の前に開け放たれた窓から外の風景をぼーっと見たり。となりでは、今朝の朝日新聞「まぼろしの魚イトウを北海道で追う」という記事を興味深げに音読して、それを横で聞いている島木さんの姿にふと心で微笑んだり。だって六五歳の方が読んで、七〇歳の老人が「ふーん」とか言ってるんだよ、可笑しいし可愛いよ。しかし一歩間違ったら老人ホームだ。

カウンターの前では格闘技好きの三人が八〇年代プロレスと、それがいかにして総合格闘技諸団体に発展したのかという話をしている。これはこれで最近の興味の方向に沿っているので、面白く聞き耳を立てる。それでも山本容子さんの本を手離さなかったのは、ものすごく面白かったからだ。一度ご本人を神楽坂の神社での落語の会で見たのだが、紫色の炎に包まれたような妖艶な方だった。男はヤラレルね、いちころでしょう。裕福な家庭に生まれたが、父の放蕩で没落。それでも母が頑張って名門私立女子高に入れてくれ、一浪の末に京都の芸術大学に入り、政治の季節が終わったキャンパスで自由だが決して乱れずに泳ぎ回る。私生活も離婚を経験し、今読んでいるところでは不倫の恋愛をしている。

波乱に飛んだ人生なのだ、もちろん途中ですけどね。それでも筆の動きが静かで、文章にうねりがないので、淡々と読んでいける。まだ半分なので、これを書き終わったら読み進めることにする。

十一月

古本の日

昼過ぎから始めた古本の型録の製作がいまだに終わらない。書名と著者と発行年月日、そして最後に値段をエクセルで打っていくのだ。本はほとんどが戦前のもので、『八王子教育』『薩摩郷中教育の研究』『今上陛下日常の一端』『支那詩誌』……。ちなみに支那とは現在の中国のことで、素直に「しな」と打っても出てきません。支と那を一字ずつ打つのです。戦前の中国大陸に関する本は結構あり、そのほとんどが「支那」の表記なので、大変なんですよね。でも、歴史は歴史で。

そのまま素直に入れていくのなら仕事も速いのだが、値段のわからない本というのがあるわけです。僕なんか結構あります。昔の人はこの本の値段を覚えるというのに、それこそ血道をあげたわけです。商売の生命線、古本屋として生きる証、みたいなものですから。そんな仕事師の古本屋は、僕のように本の値段に関して無知な古本屋を「目クラ」と蔑《さげす》んで呼びます。言葉だけでも古い業界だな。

インターネットが全てを変えました。ほとんどの本はネットにある「日本の古本屋」というサイトで検索すれば出てきます。情報を開示することによって、情報の独占による商売が出来なくなりつつあります。携帯でのネット接続もできるようになったから、お爺さんはその存在価値がなくなりつつあるのかも。高い本と言うのはなんとなくわかるものです。すごいあやふやな「なんとなく五〇〇〇円くらいかな」の本を検索すると三万円だったりして、慌てて値段を上げるわけです。このため古本の型録（通常目録と言っています）や、店頭の値段がどこも似たり寄ったりとなって、買う側としての楽しみが減ったとも言われています。もちろんいくつかの例外もあります。たとえば和本と言われるもの。明治初期までは紐で和紙を綴じていたこの手の本が結構ありました。明治はまだしも、江戸は駄目ですね、文字が読めないから。戦前の文語体を読めない人も多いけど、この近代と近世の断絶はすさまじいものがあります。下手すればスペイン語の方がまだわかるかも。読めないと検索も出来ないんですねえ。たまにはこんなことも書いたりして。間違ってることがあったらごめんなさい。あくまで主観ですから。

炭

ぼーっとしてたら、いきなり冬が隣に立っているようだ。店もエアコンの暖気だけでは辛かろうと、中野まで炭を買いに行く。大和備長炭という、備長炭のくずを高温で熱して固めたのを例年作っているので、今年もそれを。一〇キロの炭を自転車の籠に入れるとずっしりとして、ハンドルさばきにテクニックが必要になる。これも年の功、今年で三回目だもの。店内に囲炉裏を使って三年目、冬を越すのも三年目だ。

囲炉裏の上に置いてある机代わりのカバンをよける。五徳がぼろぼろになったので去年捨てたのを思い出す。仕方がないので灰の中央に穴を掘り、四方に長い炭でやぐらのような物を作る。火起しに炭を入れ一〇分ほどコンロにかける。下のほうからじんわりと赤くなってくる。下半分真っ赤になった炭を、やぐらの周辺に立てかけるように置く。口で空気を送ったり、炭の位置を変えてみたり。ちょこまかとした、この微調整がたまらなくうれしい。ぽっと照れたように、時々火が飛び出してきたら、順調に燃えてきた証拠だ。仕込みのために厨房に行くが後ろ髪を引かれる、まるで幼い子供を置いていくような気分だ。

今夜はものすごく暇だったので、早仕舞いをする。帰っても誰もいないので、後片付けをした後、照明を半分ほど消して、囲炉裏の側に座り一人酒を飲む。アンプが壊れているので音楽もなく、炭のはじける音と、外の雨音だけ。太陽のように色を変えながら燃え盛る炭を見ながら、時間を自分に返すような大人の飲み方が出来ればいいのだが、寂しくなって友人に電話する。久しぶりの人もいれば先日あったばかりの奴も。適当に酔っ払って、平気で迷惑をかけれる、そんな友人は数が少ないと改めて思う。電話で話した数人は友達なのだろうな。炭に水をかけ、さらに火消し壺に入れて帰る。いつも自転車で酒を飲むのだが、手にした缶が驚くほど冷たくなっている。ポットにお湯割りでも詰めて漕ぐか。

正直日記

江口寿史『江口寿史の正直日記』を楽しく読んでいたのだが、数日前の飲み会の途中でどっかにやってしまった。残念無念。半分しか読んでいなかったのだが。帯にある「クズだ。クズの日記だこれは。」というのに惹かれて読み始めたのだが、面白く、クズの日記とは思わなかった。まあ、締め切りは守らないし、しょっちゅう原稿を落とすし、気分が乗らないと酒ばかり飲んでいるが、こういう人は僕の周りに結構いるよなあ。というか、そういう人がクズなのかな？　人間のクズって、そういう意味では使わないと思っていた。もっといるよなあ、人間のクズ。きっちりしているがゆえに妙に矮小なクズとか。そういうクズのくせに人を平気で責め立てるクズの中のクズとかさあ。

一昨日昨日とそれなりに忙しい日々を過ごす。昨日は打ち合わせの前に少々お酒を頂いてしまい、妙なテンションで話す。某テレビ製作会社の人で、当店を使ってトークショーをしたいのだがというお話。絵に書いたような業界のひとー、という感じで某広告代理店にいる従兄弟を思い出した。それなりに面白そうなのだが、当店とは違うような気がする。もっとおしゃれな、渋谷にあるブックカフェが良いのではなかろうかと、顔見知りの店を紹介する。最近はミーハー心が薄れてきたのか、こういう話でも冷静になれたりするのだ。

十二月

年末

立石書店さんの開店騒動の顛末を魚雷さんから聞く。古本屋の開店前に行列が出来たとか。

パチンコ屋かよ、という乗りなのだが、すごいことだと感じながら話を聞く。これで、早稲田の古本街、いよいよ面白いことになってきたなあ。

寝不足と疲れとお酒のせいで、頭が上手く回らない。ということで言葉が上手に出てこないので、日記がすいすいと書けず、苛立ち気味にキーボードを叩いている、それもままならない。認知症の初期はきっとこういう感じなのだろう。

昨日は一五〇〇冊の本に値札を張り、夜は店番をする。半分以上終えたのだから大したものだと、自分に自分が言う。本に値段をつける作業は面白い。なにより本の束の中から読みたい本がひょいと飛び出してくる快感は、棚から本を選ぶというのとは全く違って、運命的な出会いのようで嬉しい。古書店をやっている人間だけの特権だと勝手に自惚れている。今日も残りの値札張り、そして仕込みにお店に。戦前の労働者のように働いていています、なんてね。

魚屋に数の子や蟹など正月向けの商品が並び始めた。肉屋ではクリスマス用の鳥のもも肉などが。お客さん数人から「クリスマスは何をしているんですか?」と聞かれる。「イブは古書の即売会で、次の日はハジメちゃんと店で飲んでます」と答えると笑われる。しかしいよいよ年末です。

すみません。

都合により本日はお休みとさせていただきます。明日は営業いたします。よろしくお願いします。

石田書房さん正式開店

ゆっくりとだが確実に、三ノットのスピードで年が流れて行く。もういくつ寝るとお正月。二十三日には友人の石田書房さんの正式なオープン日。即売会の昼休みを利用してお祝いに駆けつける。右手に濃い緑の本棚、左手には赤い本棚、真ん中には大きな机にパンフレットが置かれている。おしゃれな本屋で、とてもいい本が並んでいる。錦華小学校の横を水道橋方面に少し行くと左手にある。大きな看板が出ているので、すぐわかると思う。是非一度足を運ばれては如何でしょうか。

開店日の夜には当店で宴を開いていただく。Paradisさん、オヨヨ書林、ささまの野村君、海ねこさん、都丸の鈴木さん、などの古書店連中。なぜか途中参加して、石田千さんの肩に手を回す、手の甲にキスをするなど、いつもどおりにセクハラをするドン・ウミジール。これでフルートのお祝い演奏がなかったら、単なるエロいセクハラ親父なのだが、見事にバッハなどを吹いて会場を盛り上げる。まさに芸は身を助く。偶然に魚雷さんもやって来て、囲炉裏の周りの席はカオス状態になる。銘々が好き勝手に自分の話をしている。言葉が乱れ飛ぶ宴会も久しぶりだ。二次会、三次会と飲みまくり、終わったのは明け方だと思う。次の日は早朝から即売会なのに。きっちりと酔っ払うみんなは今世紀では少数派なのだが、とても素敵だとも思った。

宴会

忘年会の帰り道、ものすごい暴雨の中を家に帰る。時折空が光るから何かと見上げると稲妻が走っている。ウルトラマンなら怪獣が出てきそうな夜だ。あんな荒れた夜は、前世で死んだ、フランスはフランドル地方のことを思い出す。ちょうど塹壕から飛び出した瞬間、眉間を銃で撃たれたんだ。一九一八年の十月二十一日、あの日もあんな夜だったなあ……。

だいこんやの座敷で十数人で宴会。石丸澄子さんの装丁した本（？）がデザイン雑誌で「今年のベスト20」に選ばれたお祝いの会と、暮れ行く年を偲ぶ忘年会を兼ねた宴。著者である岡崎武志さん、担当編集した工作舎の石原さん、古本屋とその家族、ライターの方々など、本とその周辺にいる人間がほとんどだった。なんど行っても多数の宴会というのは緊張するもので、目の前にあるビールを親の敵のように空けてしまう。次の焼酎のお湯割りもそんな感じで飲んだので、最後のほうはへべれけであった。つまらないかと言えばそうではなく、大変面白い刺激に満ちた会だった。

二十九日には岡崎さんのトークショーを行ないます。今年買った本を紹介したり、夏の吉田拓郎のつま恋コンサートを最前列で見た報告など、今年をしめる話がいろいろと出てくると思います。考えてみるとあと二日後か。まだ席の余裕があるので是非来てください。

今年の思い出九月まで

昨日の夜から今日の日記の内容を決めていた。こんなことは初めてであるなあ。さて今年を振り返ります。

まずは一月から。去年の後半から別居中だった家人とは大晦日の話し合いで「もう駄目だね」ということになったので元旦から暗い家。秋田の彼女の両親に電話して「もう一回話し合ってよ」と言われたり。年末の飲み疲れで身体も悲鳴を上げていたのだろう、ひたすら寝ている寝正月だった。その後いろいろと話をして、結局は元に戻ることに。一月半ばの銀座のイタリア料理店だった。松屋で高い指輪を買わされたなあ。三十代も半ばを迎える。

二月。「てぬぐい展」を開催。同時にイベントを詰め込む。最初のイベントがマエケン、本田君、僕の三人大喜利。死にたくなるような出来。さらに僕の手違いで向井さんと河上さんのイベントの日を間違えるなど、ひたすら謝る日々を過ごす。心の中では薬害エイズの時の菅直人をイメージしながら謝罪のメールを書く。「てぬぐい展」は大盛況。一〇〇枚以上を売りまくる。久住昌之さんの初ライブ。「コクテイルの歌」で「眉の薄い店長の狩野が」と歌われて冷や汗をかく。額から滴る汗を拭いた瞬間を観察され「お、すごいね、二本の指でしゃっと汗をぬぐって。狩野拭きとか名前を付けちゃったり」などと言われてさらに汗。

三月。「てぬぐい展」も後半。最終日は『ぐるり』連載を記念しての僕とハジメちゃんのトークショー。「誰も来ないよ」と高をくくっていたが、蓋を開けたら満員御礼。久住卓也さんや石田千さんも来てくれて、吐きそうになるくらい緊張する。これまた不出来。その後に澄子さんの誕生日会。この年、当店で二回目のケーキカット。当然来年もね。三月後半はさぼりまくる。

四月。さぼった反動で暇な日々。なんかひたすら反省していたような気がする。花見を二回。コクテイルのと澄子さんたちのと。バイトを辞めた公家さんに鰺と鯛を持っていった。旅猫雑貨店の金子さんがサンシンを引いてくれたりしたなあ。たぶんこの月に引越しする。大家の豪邸の二階。

五月。『彷書月刊』で岡崎武志さんの特集。それに合わせて三回イベントをする。ピンのトークショー、中川五郎さんと対談、カネコウノからの五〇の質問。どれも人が入る。これらのイベントをコクテイル文庫にしますよーと言ってはや七ヵ月。夏には出すからねー、なんて言ってたのに。でも絶対出すからねー。ゴールデンウイークは秋田に行く。新しいバイトに松本さんが入る。三人の子持ちなどと、暗い容貌をいいことにいろいろとデマを流したり。カラオケで大虎になった松本さん。

六月。なにがあったのだろう。たぶん暇だった月だなあ。酒を飲んでいたことは確か。

七月。夏だねえ。暑くなり始めたんでしょうねえ。井上荒野さんがトークショーの打ち合わせに来てくれたのがこの月かなあ。それくらいしか思い出せない。恋もしていない夏の始まり。

八月。お盆。原爆。終戦記念日。三題噺じゃないけど、これ以上出てこない。エアコンの効かない店内でひたすら店番してたのでしょう。ヘミングウェイを読んで「モヒート」をメニューに載せようとしたのを思い出した。結局載せなかったけど。京都に行ったんだ。ガケ書房での「てぬぐい展」。絡みつく暑さの西の夜を泳ぎまくった。楽しい夜。一次会の飲み放題三〇〇〇円の中華屋が大当たり。美味くて安い。二次会のまほろばも良い。

九月。「てぬぐい展」をまたまた開催。イベントも数多。久住兄弟と澄子さんの中央線トークショー。澄子さんは千駄ヶ谷の話題を用意していたのだが、御茶ノ水の次はいきなり四ッ谷という快速電車の話題提供で話す機会を失ったらしい。井上荒野さんと中川五郎さんのしっとりとした大人のトークショー。と書いて思ったけど、これは七月の後半だった。ふちがみとふなとさんのライブも七月にやった。荒野さんのイベントに来てくれた角田光代さんに「とても楽しいトークライブでした」と言われて「角田さんも是非」とお願いして実現したのが、この月の久住兄弟と角田光代さんの中学生日記トークライブでした。記憶っていい加減だ。後半にコクテイル文庫創刊。文字がかすれていて渋い。字も小さい。まるで戦後すぐの出版物みたい。わざとここまでするのには苦労したよ。

ということで本日はここまで。明日十月以降を書きます。

思い出後半

さて後半の思い出。十月から。起きぬけということもあって、なにも浮かんでこないなあ。秋でしたねえ、でもまだ暑かった気がします。思い出した、まだ「てぬぐい展」をしてましたね。ということはイベントもやってたなあ。でもなにも浮かんでこない。酒に呑まれた頭を実証しつつ十一月へ。

長嶋有さん、ご尊父長嶋康郎さん、久住昌之さんの鼎談イベントを開催。康郎さんのぽつぽつと話す滋味溢れた語り口が印象的でした。書いてて思ったけど、今年は久住兄弟に大変お世話になった年でしたね。あらためて感謝の言葉を送ります。ありがとうございました。

秋田にも帰りました。きりたんぽを親戚で食べる「たんぽ会」というのに出席。昼から酒を飲んで、さらに夜も飲むという、吉田健一的酒を体験。ふらふらになりながら酒の川を泳いできました。この月の後半から「もう今年も終わりですよー。早いですねー」なんてお客さんに言っていた。そんな月。

いよいよ師走の十二月。六日には早くも忘年会。神田のやきとり屋で古本業界誌の集まり。ほとんど知り合いがいなくて出席通知を呪ったのだが、南部支部の雄「揚羽堂」さんと隣り合わせになっていろいろと話が出来た。同じ東北出身とわかりガードが下がったところで質問攻め、うざいくらいで悪かったと思う。バンド時代、ブルセラショップに勤めていたこと、どうやって古本屋になったか、いろいろと興味深い話を聞き出す。いつか『古書月報』に載せようと決意する。来年はトークとライブもお願いしている。二〇〇七年の揚羽堂さんも目を離せない。店の方、なんとなく暇な日が続く。週末も今ひとつ。本当に、心底混んだーっていう日は一昨日くらい。

そして昨日は岡崎さんのイベント。つづった画用紙に今年あった二〇の出来事を絵に書き、それを元にピンで話をする。来てくださったお客さんも大半はヘビーユーザーなので、温かい空気の中で話が滑り始める。ラジオのパーソナリティーもしているので、話はもちろん上手なのだが、圧巻は最後のギターでの弾き語り。なんだろうか、今年の全てを歌に込めたようだった。隣で聴いていた友人は涙目になっていた。すごいねえ、岡崎さん。

そして今日は毎年恒例のマエケンこと前野健太ライブ。入れ込みすぎるくらいに気合の入っているマエケン。来年を占う意味でも、今日のライブは見逃せない。

来年こそは

今年最後の日記をふらふらで書き始めるぜ。昨日は何時まで飲んだのだろう、というか飲まれたのだろう。気の合う仲間とのカラオケまでしたのだから、いい景気で今年も飲み逃げれた。「カラオケ」をイングランドの人間みたいに「キラオッケイ」と発音したくなるくらいに乗りの良い奴らとの歌合戦。西欧を引き合いに出して「歌合戦」もないものだが、サングラスをかけたマエケンが踊る室内で、歌いまくる奴らはまさに「合戦中」という感じだったなあ。良いしめができました。

今日で今年が終わる。昨日の夕暮れ、買い物に行く途中、空に浮かぶ月を見上げながら、年の瀬というのは「終わる」というのに、なんでこんなに閉塞感がないのかと、歩きながら考える。当たり前の話だが、それは当然のように「来年」が来るからだろう。再生のある死は、睡眠によく似ている。寝る前の祈りの言葉が「明日は良い日に」なら、年の瀬の呪文は「来年は良い年」だろう。毎年毎年人は再生してなんとか生きていけるのだと思う。

ペニンシュラのスイートでフランスの坊さんが考案した発泡酒を飲んでる奴も、刑務所で官の情けで食べる薄いたぬきに感動している奴も、ナイロビの路上で毛布にくるまっている奴も、みんな来年こそは良い年にと願うのが大晦日なのだろう。

昨日、店で歌ってくれたマエケンのチラシに「毎回会うたびに、マエケンは終わったねと狩野店長に言われます」と書いてあって思わず吹き出だす。横目で彼を見ると「してやったり」という笑顔でにやつく奴がいて、本当にしてやられた。昨日のライブは本当に良かった。本番に立ち会うというのはこういうことかと、マエケンの今年の思いのたけが全て出ていて、「終わった」なんてはとても言えなかった。そういう意味では、彼も始まったのかもしれない。今年が終わって、来年が来るように、彼にも新しい波が来たように思う。

ここにくる前の店舗の写真を数十枚持ってきてくれた。カウンターの上にある雑誌を見ると、二〇〇三年一〇月号と書いてある。国立から、この高円寺にやってきて三年目だ。三年前がそこには写っている。少してろんとしている僕。今よりはるかに太っていたいせちゃん。でくのぼうのように坊主姿で笑っているマエケン。ほろ酔い加減のハジメちゃん。昔の狭い店でみんなが楽しそうに酒を飲んでいる。たかが三年前なのに、だいぶ昔のような空気が漂っている。重油と原爆の二十世紀よりも、石炭と火薬の十九世紀のような、牧歌的だけどすこしひりひりした空気が充満していた。その空気を嗅ぎながら、自分のしていることは傲慢にも時代を遅らせようとしているのかもと、ふと思った。ここまで古臭いものが好きという、反時代的な行動はそういうことなのかと、その写真は説明してくれているような気がした。文明と文化は矛盾していてもぜんぜん問題はないのだろう。

今年はどんな年かと振り返れば「中途半端」な年だったというのが素直な感想だ。素敵なイベントも沢山した、コクテイル文庫も出した、忙しいわりには年収は上がらなかったけど、とにかく忙しくはあった。それでも、なにかが、もしかすると全てが、中途半端だったように思える。この年の瀬に思うことは、全ての人が思うように、僕も来年こそは、だ。そういう意味では来年は、もっともっと古臭い男になるのだろう。それでは良いお年を。

二〇〇六年

二〇〇七年

一月

ここ数日

日曜日は塩山芳明さんと南陀楼綾繁さんのトークライブ。人の入りを心配していた塩山さんを裏切るようにどかどかとご来店。てんやわんやになりながら、酒とつまみをなんとかさばく。僕的には面白かったのだが、塩山さんは不満顔。「いやー、芸人にはなれないね」と肩を落としている。春先に再度出ていただくつもり。乞うご期待。

店を閉めた後に金高君と飲んだ勢いでトークショーの真似事など。「初めて会ったのっていつだっけ」「四年前の冬に店に行ったんだよね」。誰もいない店内でマイクを通して話し合う馬鹿な二人。つくづくと酒の勢いは恐ろしいなと。

そんな感じで飲み続けた次の日は、当然ながら二日酔い。二時半の待ち合わせを一〇分ちかく遅れて到着。すびませんねと、怪しげな口調で謝り続ける相手は、雑誌『ｂｕｋｕ』の編集人北條さん。以前から言って頂いていた「どうするどうするコクテイル文庫」というか「プリンシブルのないコクテイル文庫問題」と申しますか、とにかく見るに見かねて手を差し伸べていただいた初会合。

以前に『編集会議』で取材していただいた相手が北條さんだった。雑談風の取材なので緊張もせずにこちらも話すことが出来、端正な容姿ということもあわせて、柔らかな風のような人だったという印象を持っていた。そういう人が相手だったからだろう。ほとんど初対面だったのだが、アルコールを飲まずにも素直に話す事が出来た。こういうことはまれなので、びっくりしながらケーキセットとかを女学生のように食べたりする。雑談を交えながら数時間、それでもしっかりツボを押さえ、有意義な時間を過ごせた。今年は行くぞ、コクテイル文庫。

夜には古本屋数人の定期会合、石田書房のゆみ子さんを囲む会。気の置けない仲間と飲む酒はとても楽しくて、あっというまに二次会に三次会。初めてのゴールデン街も堪能できた。

古本の仕事とこれからの日記

「最近日記が面白くないわよ。それに出来不出来がありすぎ」と石田〝女王〟書房さんに言われる。別の友人からは「会話の部分が下手すぎ、ちょっとは勉強しなさい」だって。これが実力だしなあ、と可愛く拗ねながらも日記は書くわけです。

昨日は友人の事務所で古本の型録作成。軍事関係の洋書なのだが、訳した題名と副題、それに簡単な内容を載せないと売れない、と言われたのでつたない英語力を駆使しながらの古本仕事。翻訳ソフトに英文をぶち込んでワンクリック、出てきた直訳の日本語をなんとか読めるように直してエクセルに入れる。これがめんどくさい。普通の和書の三倍は時間がかかる。「流弾兵」「空挺部隊」「自作農民階級」なんて翻訳ソフトの能力をオーバーする単語がぼんぼん出てくるので、翻訳の仕事をしている友人に電話で聞いたりする。持つべきものは都合の良い友人だよなー、と。

なんどかの電話でのやりとりのあと、電話が鳴ったので出てみると「すいませんT書房ですよね」「はい、そうですけど」「貴店のサイトにでている、魯山人の書籍が欲しいのですが、それも今日中に手にしたいのです」と焦った口調で言ってくる。焦ったのはこちらもそうで、ここは僕の事務所じゃないし、在庫はどこにあるのかわからないし。それでも困窮している友人の背中をみているので、力にもなりたいわけで、在庫を確認して折り返しの電話をすることに。高額商品が入っていそうな押入れをごそごそすると簡単に見つかる。お客に在庫があった旨の電話をして、一時間後に阿佐ヶ谷駅前で待ち合わせをする。その方が所属している某大学宛に請求書に納品書、書簡が真筆であるという誓約書、それに領収書を書く。書類仕事が苦手なので結構時間がかかる。書き終わると約束の時間まであと五分、自転車を飛ばして駅まで行く。ぎりぎりセーフ。

目印の雑誌『アエラ』を持った初老の男性に声をかけ、書類一式を確認してもらい、売上げ代金二五万円を頂戴する。友人は本屋だけでは食べていけず、昼間は郵便配達のバイトをしている。およそ二ヵ月分の給料分を売ったことになる。ハルピンの屋台で豚マンを売ってそうな、小太りの顔がにんまりするさまを見るのが楽しみだと、赤い自転車にまたがり、友人の事務所に帰る僕なのであった。

お休みさせていただきます

長岡まで古本の買い出しに行ってきます。すみませんが本日はお休みさせていただきます。本日の深夜には帰ってきます。明日は通常通りです。よろしくおねがいします。

長岡へ

食事の量と回数が異常に増えている、それに比例するように酒の量も。これは調子が悪くなる前兆、というか不調期に入っているのだろうなあ。ルンガ湾に行って夕日でもぼんやり見ている、と治るような気もするし、そのまま亀のように海の彼方にあると言うニライカナイへでも泳ぎだすかも。

夕方には目録を印刷所に送り、その後、道具屋さんの四トントラックの荷台の人になる。縦六メートル横二メートルの結構大きな空間。閉所恐怖症の僕だけど、妙に落ち着くことが出来るのが毎回不思議だ。

一番奥には社長が、どーんと座り、右と左にかしずくように、社員というか丁稚というか奴隷というか、とにかく手下が陣取っている。全国の不動産屋、金融屋、解体屋、その他ブローカーに情報網を持っている社長の元には、良い出物情報が随時入ってきて、このトラックで全国どこにも現金持って出張《でば》るのだ。左右にいる手下は、借金で首が回らなくなった人を社長が債権ごと買ったという。左は一〇〇〇万円、右は五五〇〇万円。命は残ったが、長い間はそれこそ社長に二十四時間滅私奉公だ。物だけでなく、人も買う。いつの時代のどこの国だよ、というお話だが二十一世紀の我が国のことなのだ。

戦前使われていた文語体が読めるというだけで、むやみに尊敬されインテリ扱いをうけ、古い本がありそうだと呼んでもらえるのだ。いままで数回大当たりがあったので、社長に呼ばれたら最優先で荷台の人になるようにしている。長岡は戊辰戦争と空襲で二度焼けているので、あまり古いものは残っていないと言われているのだが。

荷台に載っていてもわかるくらいに異常なスピードが出ている。社長は遅いのが嫌いなのだ。運転台にある木刀は護身用だが、それが自分たち用になることもしょっちゅうなので、ドライバーは気合と根性でアクセルを踏んでいるのだろう。

と、ここまで書いてなんですが、今朝方帰ってきて、一度寝たのですが、また眠くなってきました。店をやるので、体調を整えるべくまた寝ます。気が向けば続きを書きます。

出物は戦前のグラフ誌が数本と、『満州羅男』という雑誌が手に入りました。これを出してた出版社の社長はたしか甘粕だったと思うんだけど。

虎と龍

『ナチ親衛隊知識人の肖像』を読み始める。その前に読んでいた本が『ヒトラーの死を見とどけた男　地下壕最後の生き残りの証言』だから二連発でナチ物だ。だいぶ前に小さな舞台に出たことがある。そこで演じたのがラインハルト・ハイドリッヒという親衛隊の将軍だった。読んでいる本の冒頭に彼のことが書かれていて、当時の演出家の言葉などを思い返しながら読んでいる。舞台かあ、夢のようだったよ。

掃除というのは始めるとなかなか終わらない。落としどころが見つからないというか、きりがないというか、とにかくし始めて止まらなくなる。きれいになるというのは、目に見えて実感できるから、やっていて気持ちがいい。生きているということを体感できる。店の床をブラシで磨いたり、フードの油をオレンジ洗剤で落としたり。そのうち疲れ果てて、スピードも落ち始め、未整理の雑誌を手にとって読み始めたり。瞬発力はあるのだが、根気がないからすぐ飽きる。こういうところは小学生の時の通信簿に書かれていたことで、まったく進歩がないということですね。

本棚に新しい本を入れるはずが、そんな気もなくなり、挙句の果ては店を休もうかとまで思い始める。それでも、「虎と龍」のように、僕の中でも、断固開店派の僕と、お酒とおさぼり派の僕が、それなりに戦っていて、一応は買出しに行って大根を茹でる開店派、銭湯に行って今日の酒はうまいぞというおさぼり派、という矛盾した行動を数時間とりつづけたわけです。そうしているうちに、いつのまにか外は夕闇、時刻は七時、入って来たのは石田千さん、という驚愕の事態になったわけです。それからの開店派の勢いといったらないね。カウンターは磨くように、かつすばやく拭いて、メニューも秒速で書き上げ、途中だったつまみも作り上げ、その間にお酒とお通しを出して。すごかったけど馬鹿だったよ。それでも中途半端に掃除した店内は、かえって汚く見えたりしてねえ。

ライブの告知

バサラブックスの福井さんの紹介でライブをしていただくことになりました。店でも相当ハードにCDをかけていますので、気に入ったら是非来てください。

2／28（水）松倉如子ライブ

日時：2月28日（水）19時30分～21時　※19時開場
内容：歌う　歌う　歌う
チケット：無料、投げ銭制　※会場が酒場なのでワンドリンク注文お願いします。ソフトドリンクもあります。
予約方法：電話0422-47-3764　※受付時間…火曜日～日曜日の13時～23時
松倉如子（まつくら・ゆきこ）プロフィール：
一九八〇年生まれ　大阪出身。演出家の宮沢章夫さんの教え子で、宮沢さん曰く、

「学生時代に竹中直人を見て以来の衝撃」。主に吉祥寺のスターパインズカフェで活動する。まだまだだの、これからの人。その歌声は、独自の説得力がある、CDで聞いていても、歌うたう彼女の表情が見えるようだ。

二月

バレンタインデー

浅田次郎の怪談小説を読み始める。花村萬月の『私の庭　蝦夷地編』も読み始めたから、小説をかけ持ちで読んでいることになる。知らない人のブログに「死ぬ前に死ぬ人は、死ぬときに死なない」という言葉が書いてあった。なんとも印象的で、お腹の白い皮膚にぺたんと張られた感じ。湿布のようにじわじわと骨に浸透してくる。

しとしと雨で、曇り空。今年初の恋人たちの日は、雲間から怪しげなものが顔を覗かせそうな、しっとりとした日。さて、今日は誰と会おうか。今日から「絵本酒場　コクテイル」と銘打って、古本海ねこさんの絵本を展示販売します。イベントやります。是非ご来店を。

昨日は休みの日なのだが、絵本展の本の搬入。展示にこだわる海ねこ店主と本を飾り、並べ替える。自前の照明設備を持参して、光の当たり方にも工夫を凝らしている。途中から絵本好きの久保田くんも加わったり、『MOE』という雑誌の取材も来たり、時間がたつ。いつのまにか暗くなっている。車を置いてきた海ねこ店主と友人と連れ立って高円寺の居酒屋へ。日本酒好きの友人の猪口を見ながら「私、日本酒飲むとやばいんだよねえ」と言いながらとっくりを取る海ねこ店主。この方の泥酔振りをいつも見ているので、終わりの始まりが来たとさとったのだが、知る由もない友人は「どうぞどうぞ、もうひとつ」と言っている。案の定、しばらくすると目付きが怪しくなり、勘定のときは「あれー、眼鏡がない。あれー、お財布がない」といつものあれー節を繰り広げる。愛すべき人なんだろうけど、酔い方がいつも一緒で反省がない。まあ、反省も後悔もなく、酔っ払いはただ酩酊だけなのだから、正しい酒飲みということなのだろう。

友人、店主と別れ、別の友人と待ち合わせて飲酒。思い出の酒場を巡ってみる。最近、離婚して、母堂は病気療養中、尊父はとうの昔に亡くなられている。年を重ね、孤独の影が濃くなっていく友人。酔ってさんざん迷惑をかけているので、今日こそは恩返しと、酒でもと誘ったのだが、すでに夜更け。また迷惑をかけてしまった。酒場を出ると、そこにあるコンビニにバレンタイン用のチョコレートがあった。男が買うものではないが、贈り物は躊躇がないほうが気持ちよいだろうと買って手渡す。「どうせ、みんないつかいなくなっちゃうんだから」と、昔、友人が言った言葉をふと思い出す。カカオが多い甘くないチョコは、こんな日にはいらなかったかとふと思ったり。

長い一日

昨日は昼から「絵本酒場　コクテイル」。日本茶とか珈琲、高円寺名物阿波踊りサブレ、それにオニオングラタンスープなども用意しての営業。什器類もそろえたので、これからはこんなソフトドリンクも出していこうかなと、流れに身を任せてみたり。昼からの営業は初の試み。おまけに外は雨、店の中は海ねこ夫婦と僕だけ。「なんか寂しい」とぶつぶつ言いながら、友人知人にメールやら電話をする海ねこ店主。店に気を使っているのだろうけど、そんなに一喜一憂しなくてもいいよ。

そのうち、古本屋関係の知人友人が寄り集まってくる。ありがたいことです。こんな時には高杉晋作の都々逸を思い出す。「実があるなら今月今宵　一夜明ければみんな来る」と。そんなもんですよ。実がなんなのかと、果たしてこれが実なのか、自分のやっていること、果ては自分は実なのかと、考えるとキリがなくなってきて、店番を松本さんに任せて友人と飲みに行く。外での二人きりは久しぶりだ。簡単なアミューズ（恥ずかしいぞ）を肴に殺人的に濃いレモンサワーを飲む。風邪気味で、おまけに午前中からの働き詰めなので、酒が回る。

こんな調子で世界を回したいが、あいにく回転寿司のように回されている僕なので、カウンターでだらしなく酔っ払う。

友人から「考えてみると僕たち、いっつも大した話してないね」と指摘され、六カ国協議や、予算委員会や都知事選での民主党の迷走ぶり、アメリカの対イラク政策などを口にするが、この程度が「大した」という自分の力不足を身に染みて、おかげで酒も身に染みる。それでも、友人の成長ぶりが見えて、なんとなくほっとする、というか嬉しくなった。今度は素面から飲みたいものですね。

さてさて、本日は古書組合南部支部ちんぴら初代二代三代トークショーの日。初代『彷書月刊』編集長なないろ文庫ふしぎ堂田村治芳さん、二代天才月の輪書林高橋徹氏、そして三代古書窟揚羽堂店主志賀浩二氏の、三人スペシャルトークショーを開催します。トーク終了後は志賀さんと盟友セックス池田さんが結成した「クレイジー・ボーイスカウト略してCBS」のライブも開催します。知らない人には何のことやら？　という感じなのでしょうが、このイベントは相当すごいんだよ。どうすごいんだい？　と思ったら、今夜七時にコクテイルに集合ですよ。もう一回繰り返そうか。「実があるなら今月今宵　一夜明ければみんな来る」。

風邪の水曜日

先週ひいた風邪が抜けない。早めに寝たのだが起きたら昼過ぎ。熱でぼーっとしているので、近所の病院で注射を打ってもらう。共産党系のこの病院はやたら親切なのだ。帰ると寺田さんからメール、風邪の具合を気にしてくれ、さらに店の電話が止まっているよと知らせてくれる。公共料金をぎりぎりまで払わないという、学生時代からの悪癖も、三十半ばなのだからそろそろ卒業しようかと、絵文字入りの優しいメールを見て少し思った。

体調が悪いからか、気分が今ひとつ、どころか三つも四つも乗らない。このまま布団の中で朽ち果て、ミイラにでもなりたい。恥ずかしげもない爛漫な春の陽気も、所詮地球温暖化だろうかと、軽蔑してしまい外に行きたくない。それでも三時過ぎには、自転車にまたがり店へ行く。まっすぐ高円寺に行けばいいのに、やたら裏道を走り、何かを見つけるように路地裏に行ったり。たたずむ猫くらいしかいないのだが、それでもなんとなく和やかな気分になる。東京の奥深さは、知っているはずの街でも、ちょっと道をそれただけで、新しい顔を見つけることが出来ること。じーっと猫を見つめていると、向こうもこっちを見てくる。見たり見られたり。「なんだよ」という猫の視線を見ると、猫と僕との境がなくなり、関係が対等になる。物言わぬ動物、猫のこんな対等な感じが、猫好きにはたまらないのだろうか。

ペットというよりは相棒のような。先日見た立川談志のドキュメンタリーで「動物に嘘はない」と言っていた。あ、「銭湯は裏切らない」というのもあった。風邪だからいけないのだが、無茶を承知で小杉湯。ミルク風呂に入りながら、ため息をつき「本当に裏切りはないね」と小声で独り言だ。

店は流行るでもなし、暇でもなし。適当に人の流れは絶えない、それでいて店内は静か。悪くない空気。夜半、久住昌之さんが来てくれる。学生のときから好きだった方なので、来ていただくたびに緊張してしまう。四月にやる切り絵展の話や、二月のイベントのことなどを話す。古本屋になったきっかけの大きな部分に、月の輪書林さんが書かれていた本の存在があった。その月の輪さんにも今は親しくさせていただいている。そう考えると今のところ、僕の人生はそう悪くないのかもしれない。

六本木の闇

フランス映画によく出てくるチェッキー・カリョによく似ている友人と酒を飲む。六本木周辺にあるロシア料理店。戦後にハルピンから亡命してきた白系ロシア人が始めた店だそうだ。店にかかっている古い写真が時代を感じさせるだけではなく、なんか凄みさえも醸し出している。

「狩野君が喜ぶと思ってここにしたんだよ。この店を開いたイーゴリさんは、満州で浅野部隊に所属していたんだよ」と驚くようなことを言い始める。浅野部隊というのは、満州で組織された対ソ謀略専門部隊で、さらにこの部隊が所属していたのが満州国軍というのが面白いんだな。満州といえば関東軍というくらいに日本の軍隊が有名だけど、この他に昭和七年に独立してから満州国は自分の国の軍隊を作り始める、これがいわゆる満州国軍。ちなみに先日ライブをしていただいた、古本屋の「揚羽堂」さんが店を出している池上本門寺に満州国軍の慰霊碑がある。

浅野部隊というのは、亡命してきた白系ロシア人で構成された部隊で、対ソ戦争勃発時には赤軍部隊に進入し混乱させる目的で編成された部隊だ。あまりに謀略色の強い部隊なので、関東軍に所属させず、満州国軍の下に置いたという逸話がある。この話の凄いのはここからで、一九四五年の八月一日にソビエトが満州に侵攻し、浅野部隊に出動命令が下る。しかし、なんとこの部隊の中には多数のソビエト工作員が入っていて、部隊の侵攻経路などがソ連に筒抜け、浅野部隊に所属していたロシア人はほとんど全滅してしまった。謀略部隊が謀略にあうとは、なんとも皮肉な結末で。

今の店主はイーゴリさんのお孫さん。数年前まで生きていたイーゴリさんの娘さんならそのへんの話も多少は知っていたかもしれない。

ここから先は僕の想像の話だ。ロシア大使館は六本木のすぐ近くの狸穴《まみあな》にある。戦前戦後、赤色ソビエト政府から逃れてきた白系ロシア人亡命者は、ソビエト大使館関係者となるべく出会うことがないように、六本木周辺は歩くこともしなかったという話を聞いたことがある。とくに戦後、冷戦の初期はどちらの情報機関の活動も活発で、相手を拉致して大使館に連れ込み拷問したり、などはよくある話だったらしく、実際にラストボロフ事件というのもあった。それなのにイーゴリさんは六本木に堂々と店を出し、さらにほぼ全員死亡した浅野部隊に所属していて……。部隊は内部に潜入していたソビエトのスパイにより……。

カチカチに凍ったウオッカを飲んでいる。

三月

断酒して

たまに店にやって来る男性が、会計の後に「こんど盛岡に転勤になりました。三年くらいで、たぶん、帰って来れると思うので。そしたら、また、この店に来ます」と雲間から出てくる朝日のような口調で出ていく。そういう季節なんだ。

酒屋で買い物をしていると、女性が数人で缶ビールや缶酎ハイ、乾き物のつまみをカゴに入れていく。「明日、そこの小学校に届けてください」と。なんだろうと、その小学校の脇を通り、体育館から見えた紅白の幕を見て納得、卒業式か。僕の田舎では中学校に上がるときには全員が坊主頭にしなくてはならず、刑務所行きか軍隊への入営かという精神状態だったので、小学校での卒業式は思い出も人一倍ある。そういう季節なんですね。

酒をやめて数日、いろいろと思うことあり。まずは、酒飲みはバカ。飲み屋の親父が書くことではないが、心からそう思い、そしてそんな酒飲みを愛する。だって、僕ももうすぐ飲み始めるもの。しかし、酒飲みはほとんどバカだな、言ってることはよくわからないし、声は大きいし、すぐに感動するし、なんだろうね、あのおかしさは。ここではたと思ったのは、よく酒が飲めなくて宴席に出ていられる人がいるでしょう、あの人たちは注意すべきだね。下戸なんだよ、それで酔っ払いに耐えられるというのは、腹の中で何を思っているかわかんないね。素面で話をしても「ばーか、この前、酔いながら言ってたことと反対じゃねーか」とか平気で思っていそう。近くに宴席によく出る下戸がいたら気をつけるように。

月曜日の湯と麵

古書の型録の作成。戦前の号外を数十枚載せる。『皇軍チチハル入域』『山海閣を超えて』

『御大典の鳳車、名古屋へ御到着』『スチムソン声明とは』など満州事変前後のものが多い。エクセルで打ち込みをしながら、思わず読んでしまう。お陰であまりはかどらない。当たり前の話なのだが、あの頃の激動の時代も毎日は二四時間で、刻々と時間は過ぎていき、人はその日その日を生きていたのだ。一気に戦争がはじまって、東京が焼け野原になったわけではないのだと、日々の事柄を伝える号外を読みながら思う。

月曜はバイト嬢担当日なのだが、彼女の昼の仕事が忙しいので僕が入る。自分の店なのだが、いつも入る日ではないからだろう、なんとなく気が楽。仕込みが一段落すると、月曜も開いている（この辺の銭湯は月曜に定休が多い）小杉湯に向かう。白濁したミルク風呂に入ると、冷え切った体は最初に悲鳴を上げる。そのうちに身も心も溶けていき、どんな遠いところへも行けるような気になってくる。

店番の前にお腹に何か入れようと、高円寺南口にある蕎麦屋にラーメンを食べに行く。最近は年のせいか、蕎麦屋や甘味処で食べるあっさりとしたラーメンが好きだ。扉を開けると夕方だというのに、そうとうな酔い具合のおじさんが三人いる。なかの一人は知った顔、阿佐ヶ谷の銭湯のご主人だ。話を聞いているとあとの二人も銭湯のおやじらしい。休みの日に、蕎麦屋で昼から飲む、銭湯の亭主の人たち。なんかいいな。うっすらとした茶色いスープは表面の油がきらきら光ってとても綺麗だ。夕焼け時で、南口からの入る光が反射している。どんぶりを持ち上げてスープをすすると、まるで夕日を飲み込むようだ。青と白の葱、チャーシュー、ワカメ、鳴門。かん水の入っていない麺はすべりは今ひとつだが、ちゃんと小麦の味がする。「こんどの役員旅行はどこに行こうか」「石和温泉だとかあちゃんに怒られるからなあ」。どこまでも銭湯の三人の話を聞きながら、しばらく会っていない友人のことを思う。

開店まであと一時間

店のカギをあけるのは午後の六時だ。今日は仕込みが早く終わる。こんな日の一時間は、とてもいい。ひとりで好きな音楽を聴くのだ。矢野顕子の『ひとつだけ』。田舎の山を思い出す。盆地なので見渡すと、山と山と緑だ。いい感じ。

いらいら日記

知人の日記にも書いてあったが、春だからなのか、地震もあったし、天気も不安定なので気圧のせいか、昨晩はいらっとすることがあった。今年初めて怒る。怒りを留めようと、留守電に言葉を残す。ほとんど怒りを覚えない僕としては異例だな、と。

本日は泉晴紀さんと久住昌之さんの二人による「泉昌之トークショー」の日。自分で持っている『かっこいいスキヤキ』にサインをしてもらおうと思っている。店主が楽しみにしている。一週間前の告知だったのだが、満員御礼である。弟の久住卓也さんのてぬぐいと、盟友石丸澄子さんの招布《まねき》の揺れる店内でどんな話がとび出すのだろうか。崎陽軒のシュウマイ弁当付きという初の試みも楽しみだ。

問題の一つがアルバイトがいないということ。二〇人以上のイベントで、店で一人というのはほとんど不可能なので、どうしようと思案しながら手帳の名前と格闘しながら助っ人を探す。数人に色よい返事をもらいながらも、結局は時間が今ひとつ合わなかったりして、最後は全員に断られる。ははは、と乾いた笑いをしながら、天井を見上げても、何も出るわけではない。さて、どうしたことか、意外なウルトラCのカウンター内となりました。

そうそう、アルバイトを募集しています。週に一日か二日ですが、そんな日程でよかったら、コクテイルで働きませんか。

四月十五日に南陀楼綾繁さんとオヨヨ書林山崎有邦さんとの「古本ジェットストリーム」を開催します。ゲストは『読書の腕前』が売れに売れている岡崎武志さん。詳細は後日書きますが、基本的に予約制です。よろしくどうぞ。

高尾山か江ノ島か

家を出て、外の空気を吸うと、濃縮した春が飛び込んでくる。このまま高尾山に行って頂上で生ビールを飲むか、それともロマンスカーで江ノ島で生のシラス丼を食べ、夕方には鎌倉高校前駅で海を見ながら白ワイン、なんて妄想をするも目の前には地味な現実があるわけで、とぼとぼと自転車に乗って阿佐ヶ谷の旧宅へ。三階にある納戸から、縛った本を数百冊一階まで降ろす。こういうのは、楽しんでやらないと軽い拷問を受けている気分になるので、有酸素運動と位置付けてエクササイズ気分で。運送屋さんと二人で、春の陽気を浴びながら、小一時間。高尾山も、江ノ島も、あまりに遠すぎる。

高円寺にある古書会館に荷を下ろして、その後に店の本を積み込む。狭い上に自動車が通るので難儀だ。これを今度は神田にある古書会館まで運ぶ。助手席に乗りながら、車窓から流れる景色を見るのは好きだ。春服や冬服が混じっているのが、いっそう春っぽい。青梅街道に入り、歌舞伎町の喧騒を抜けて、市ヶ谷の防衛庁を横目に、靖国神社を過ぎてしばらくすると千鳥が淵。桜が満開。大山巌も花の中。人ごみも凄いことになっている。さくらの咲く頃に恋をして、葉桜の頃にはまっていたある年のことを思い出したり。毎年、桜は感傷的にさせる。

神田の古書会館の二階に本を運び込む。カーゴに本を積んでエレベーターへ、下に上に、上に下に本を下ろしてまた積んで。賽の河原の餓鬼の気分。

ようやく終わると、もう夕方だ。書肆アクセスに北村さんの写真集『屋上』を搬入し、畠中さんと少し話をする。「お酒やめてるんですよね」「いえ、フラッシュバックが怖いので、少しは飲んでます」。

せっかくなので、九段下まで歩いて、春の神保町を楽しむ。靖国神社の鳥居を仰ぐ頃、お腹がすいていたことに気がついた。昼ごはんも食べていない。「丸香」でうどんでも、と思うが東西線へ向かう。

店に入る前にどうしても銭湯に入りたくなり、高円寺南口の行きなれないお湯に身を浸す。温かいお湯で両手両足を伸ばすと、爪の先から疲れが漏れ出て行くような気になる。思わず、ため息。ほんわかして、自転車に乗る。夕暮れの春風が心地よい。なにもかも、すべてを、ゆるせそうな気持ちになる。

四月

久住昌之さん切り絵展開催

気がついたら明後日ですね。告知が遅れてすみません。
久住昌之さんの切り絵展を開催します。
四月二十日から五月七日まで。
ノンジャンルでいろんな人の切り絵を展示します。是非きてくださいね。

雨の夜

店の電話が止められている。いつもは二十日過ぎなのになぜだ、なんて憤るくらいなら金を払えよ、というか銀行振込にしなさいよ。わかってはいるんですけどねえ。電話代くらいは困ってないのですがねえ。なんてつぶやきながら、コンビニへ行って四〇〇〇円強を支払う。帰って受話器を取ると「つーつー」という妙に冷たい電子音から「ぷー」という、同じ電子音なのになぜか温かみを感じるのに変わっていた。店と世界が繋がった瞬間に今月も立ち会えたと、一人喜ぶ。

夜、雨、しかも寒い。これは暇だろうと、たかをくくって『レイテ沖海戦』を読み、遠く過ぎ去った昭和十九年のフィリピン沖に思いを馳せていると、なぜかどかどかとお客さんが来て下さる。寝込みを襲われたようであたふたとしながら、それでも精一杯てきぱきとこなす。注文も同時に唐揚げ三つとか、ゴーヤ炊め四つとか、同時に食材がなくなる。雨の中をフーデックスに走り豆腐を買いに行ったり。なんやかんやと夜半まで。

洗い物をすませ、店で焼酎のお湯割りを手に、ぼーっとしながら前野健太の荒削りなCDを聞いていると電話が鳴る。出てみるとカラオケの音だろう、大声で演歌を絶叫している田舎の親父の声、それにかけ声をかける若い女性、どこかのスナックからかけてくるようだ。店名を名乗っても応答がない。なんどか名乗ると「ぷつん」と切れてしまった。三回続く。無言電話だ。無言の夜にも世界はあるのだろう。

色悪

貫禄のある女性二人がご来店。なにやらただならぬ威厳も備わっていて、東太后と西太后の揃い踏みという感じだ。「大して好みじゃないけど、この男どう?」と西の后が言うと「そういうのは、自分のものにしてから言う台詞だよ」と東の后。カウンターの中にいる僕は完全に酒の肴となり、曖昧な笑みを浮かべながら洗い物をするしかない。いい歳を経た、それなりに苦労して生きてきた女性に敵《かな》う男というのは存在するのだろうかと、こういうお二方を見ているとしみじみ思う。「男」に「女」、そして「西太后」というもう一つの種が存在したかのような、人間離れした凄みを感じる。「こいつが悪くなったら〈色悪〉になれるんだけど」と西の后がおっしゃる。「色悪ってなんですか」と阿呆面で、それでもおずおずとお伺いを立てると。「馬鹿だねこの男は、そんな事もわからないの」と一言。

歌舞伎大辞典より。色悪［いろあく］とは。敵役【かたきやく】の一種です。外見は二枚目【にまいめ】でも、女性を裏切ったり殺人などの悪事を働く冷血な役柄【やくがら】で、江戸時代後期に完成しました。『東海道四谷怪談【とうかいどうよつやかいだん】』の民谷伊右衛門【たみやいえもん】、『法懸松成田利剣【けさかけまつなりたのりけん】』の与右衛門【よえもん】など、四代目鶴屋南北【つるやなんぼく】の作品に多く登場します。

さて、本日は名古屋からＥｔｔさんが歌いに来てもらいます。ありがたいことに満員御礼ですべて予約をいただきました。八時から開始、七時半開場です。さらに本日から久住昌之さんの「切り絵展」が開催されます。五月七日までです。

悩み無用

土曜も午前中から高円寺の古書会館で会議。会議って古書組合の会議しか出たことがないけど、こういうものなのか。明治時代にタヒチかベトナム経由で伝えられたフランス料理を「これがフランスの食べ物です」と言われて食べている気分だ。頭のどこかで「本当か？」と疑問符がついている。前日がイベントだったので、さすがに疲れる。

仕込みをしているとデザイン・コンビの本田君から電話が来る。地獄の蓋を背負ったような声で「狩野さん、なんか良い話をしてください。癒されるような話を聞きたいです」と。電話からは子供のはしゃぐような声が時々入ってくる。荻窪の公園からかけているのだとか「公園ってひどいですよ、家族しかいないんですよ」。大分前から仕事のことで悩んでいたのは知っていたが、声から察するに相当いけない状態みたいだ。「泣くといいよ、銭湯は裏切らないよ」と月並みのことしか言えない自分が恨めしい。とは言ってもさばききれない仕事を受注して、こなすことが出来ないという彼もいるわけで、というか単にそれだけなんだけど、いうなれば自業自得なわけなのだが、どうも「自業自得」という言葉が好きではないので気にはなってしまう。

「狩野さんはこういう悩み相談の電話が多いでしょう」「いや、そんなことないよ」「じゃあ、誰かに悩みごとを話しますか」「それもないねえ」。少し電話の声が軽くなる。受けている仕事が遅れに遅れ某編集長から「抹殺するぞ」と脅されたそうだ。「昨日は金縛りにあいました。最初は手で腕とかつかまれてたんだけど、だんだんかかとで首とか踏んでくるんですよ」「周りの感情がそういう形になってきたんじゃないの」。お願いしたテープおこしが五ヵ月遅れているのを気にしたのだろう。「あ、狩野さんも僕のことそう思ってるんだ」「いや、もう諦めてるからそんなことは思っていないけど」「そうですか、少し肩の荷が下りました」

どうも生きていると、それも僕のような人間が歩んでいくと、おろおろと面倒が舞い込んでくる。

佐分利公使変死事件

休みといえど休みではない。コクテイル文庫の納品に今日は都内を駆けずり回る。知らない街で入る銭湯を楽しみにでもしようか。

昨日はめずらしく午前中から神田の市場に行く。今週末の西部古書会館での即売会用の本を買いに行く。春先は引越しシーズンなので、古本が大量に出回る季節なのだが、大した量ではない。ブックオフの進出、個人での売買など、古本が組合に入っている古書店に回ってこない結果だろう。それでもぼつぼつと入札する。

先週の水曜日に買えた物を確認すると、一点面白い物が落札できていた。「佐分利公使変死事件」という事件をご存知だろうか。松本清張が『昭和史発掘』で書いていたし、密室での事件だったので推理小説にもなっている、戦前の一大事件だ。中国に赴任途中の佐分利貞夫公使が、箱根の富士屋ホテルで死体で発見されたことから始まる。大型の軍用拳銃が右手に、頭には銃弾のあと。しかし彼が普段持っていたのは小型拳銃、そして利き手は左手、このようなことから当初は「他殺」と見られていたが、所轄の小田原署は検死や実況見分の結果正式に「自殺」と決定する。彼の上司だった幣原喜重郎が強引に「他殺説」を主張して、警視庁に再調査を依頼するなど、当時の新聞でもセンセーショナルに扱われた。なんと、その問題の事件の実況見分時の現場写真と、実際に佐分利氏の遺体が写っている検死時の写真が買えてしまった。「富士屋ホテル雑感」という紙片には、当時、このホテルに宿泊していた客、彼ら彼女らが事件の時、どの部屋にいたのかという平面図、事件当時の新聞報道を集めたスクラップも付いていて、昭和史の断面に触れたような、驚きと興奮でしばしじーっと見入ってしまった。こういうのがあるから古本屋は面白いよなあ。来月締め切りの「杉並古書展」の目録に載せる予定です。

休日労働

休みというのに忙しい。午前中から「ザワークラウトとスペアリブの煮込み」を作りに店へ。週末、仙台でやる「出張コクテイル」に持っていくもの。五、六時間は煮込まないと美味しくないので、とろ火でコトコトと。合間に店の掃除をしたり。火曜は完全な休日なので、店には近づきたくないのだが、そうも言ってられません。

昼過ぎには高円寺の古書会館で新しい古書店の会議。気がつけば二時間が過ぎている。電車に飛び乗り池袋へ、往来座と旅猫雑貨店へ北村さんの写真集『屋上』を置かせてもらいに。旅猫では一箱古本市の参加者という女性を紹介してもらう。当店をご存知だったみたいで「まだ行ったことはないんですよー」と言ってもらう。初対面の方と話すのが苦手なので、緊張しながら「はあ、どうもよろしく」とか、それもにょもにょもと言ってしまう。もういい年なんだから、「やあ、よろしくどうぞ。今度はお店でお会いしましょう」とバリトンの声で堂々と言ってみたいのだ。この歳で人見知りというのは、気持ち悪いし病的だと思う。

護国寺まで歩いて移動。三角寛邸を改装した料理店を横目で見たり、せんべいの製造直売所で堅焼きを買って歩きながら食べたり。護国寺の門前で手を合わせる。中でお参りしたいのだが、神田の古書会館から本を運ばなくてはならないので眺めるだけ。門前脇の「さぬきや」というウドン屋が美味しそう。

古書会館に着くと駐車場が本で溢れかえっている。水曜の市場に出品する本の量が多すぎて、室内では捌ききれないようだ。二階から本を下ろして運送屋さんを待つ。しかし来ない。待てども待てども。携帯に電話すると慌てた口調で「ちょっと事情があって遅れまーす。四十分後には到着しますので、すみませーん」。しかたがないので、目の前にある書店に行って福田和也のエッセイとQBBの『幼稚なOTONA』、それに『秀頼脱出　豊臣秀頼は九州で生存した』の三冊を買ってくる。お腹が減ると腹が立つ「幼稚な大人」なので、立ち食い蕎麦を腹につめる。外は完全に日が落ちて、おまけに雨までぱらついてくる。本のうえにダンボールを載せて雨を凌ぐ。運送屋さんが到着したのはそれから二時間後、約束の時間から だと三時間の遅刻。サイパンに行けるよ、新幹線なら東は青森西は倉敷か。秀頼脱出はあらかた読み終えていた。いい加減に腹が立ってくるが、事情を聞くと車上荒らしにあって、財布と免許証を盗まれたのだとか。それならしかたないねと、雨の中を高円寺へ。疲れた休みの日でした。

仙台の夜

今度の仙台旅行の同行者の石川君と日のあるうちから酒を飲む。これからトークショーというのに、というからだからこそ、少しはアルコールを入れないと。

上から常温の酒を入れると、下から温まった酒が出てくるという、ちょっと不思議な御燗機の置いてある小料理屋千代ちゃんで。僕はゴマ焼酎のお湯割りを、彼は「熱燗を熱々で」を飲む。四八〇円のマグロの中落ちと、二三〇円の油揚げ焼き、それにご当地名物の四三〇円の牛タン焼きをつまみに、ふられた恋の話を二人でしてましたよ。仙台は国分町の一角にある。ちなみにお酒は二三〇円、焼酎は三五〇円です。周りは全員サラリーマンで、いかにも常連が「今日はいつもより一杯多かったな。失敗しちゃったよ」なんて言うと、店の女の子が「昨日が四杯だったからバランス取れてますよ」と返して、背広のおじちゃんの「いつも」が焼酎五杯なんだなんてどうでもいいことがわかったのも嬉しくて、隣に座ってる石川君も嬉しそうな顔で飲んでて……。最近婚約者と別れて、酒ばっかり飲んで物を食べてない彼にむりやり牛タンを食べさせて、同じ頃の年にした自分の失恋話をしたりする。「今はわからないかもしれないけど、三十代の男なんてろくでもないから、時間が過ぎるとふられて当然だったって思えるよ。時が過ぎるのを待つしかないよ」。なんて話をすると「そうですよねー、大酒飲んでめちゃくちゃしたもんなーーー。でも好きなんですよね」。なんて言いながらぐっと飲んで「熱ーいのを下さい」。一口飲むたびに皮がめくれるように心が近くなっていく感じがして、「僕もお湯割り下さい」。なんて調子に乗る。トークショーがあるのに、いやいやあるからこそと、言い訳しつつ。

「狩野さんは芸能人では誰が好みですか」。なんてどうでも良い話も面白くて「芸能人より身近な美人だろ」。なんて偉そうに言ったりしてみたり。お猪口を持っている腕を見ると、酒のせいで荒れていて、酔って転んだ打ち身や切り傷もたくさんあり、痛々しくて切なくて、しかたがないからまた飲んで。繊細で、小鳥のようで、それでいて変に頭が良くて「君のそういうところは全部不幸になる要素だぞ」「そうですねえ、でも今は楽しいから幸せです」。なんとなく泣けてきたりして。

トークショーが終わって、懇親会で飲んで、さらに国分町に行って飲み、最後は味噌ラーメンで缶ビール。二時まで飲んで握手して別れる。仙台の夜は最高でした。

旅

疲れた。午前中に宅急便屋さんが押す「ピンポン」に起こされたのだが、人としての体をまったくなしていない頭の動きで、右手で麺をすくって頬で受けたりする始末。「昼寝、昼寝」と昼前に寝たら三時間も経っていた。最長昼寝時間だ。

仙台でのトークショー、出来はどうだったのだろうか。自分としては「まあ、まあ」というか初めてなら上出来、というところに聞いていたお客さんの気持ちもあれば良いのだが、さてどうでしょう？　くすすみスライドトーク、古本師匠・岡崎武志さんの話もあったのだから、合わせ技で一本、二〇〇〇円は納得しましたと思ってくれればいいのだが。本当に若い女性が多くて、トーク終了後の懇親会で都丸書店の鈴木さんの喜ぶ顔といったら……。一個一個のイベントを大切にする姿勢、キッチンの使い方など会場となった「火星の庭」に学ぶべきことも多く、得るものの多い旅だった。

翌日は久住兄弟トークショープラス昌之さんライブを見て、僕は生まれ故郷の郡山へ帰る。駅前のすっぽん屋で両親と待ち合わせ。座敷で肝臓の刺身をつまみながら、仙台での出来事を話す。母親は初めてもらった花束に感激している。仙台では言わなかったが、これは某ファンの方が送ってくれた物。感動に近い喜び方をした母親は、これを僕に持たせ写真に撮り、さらに、家に帰ると祖母の仏壇に上げていた。「狩野ちゃん元気！」と台詞が入ったてぬぐいは父親へ、これも大変な喜びよう。ちょっとした親孝行。仙台に行く前の激務の日々が冷酒で溶け出してくる。それでも二次会でカクテルを少々。途中で記憶なし、たぶん一〇時くらいに寝る。

そして昨日は東京へ帰って店だ。仕込みを全部終えた瞬間、猛烈に足の裏から疲れが這い上がりさぼりたくなるが、そうはいかないのが世の流れ。阿佐ヶ谷の名店「だいこんや」夫婦が口開けで来てくれて、焦りながらばたばたする。西荻から京都、さらに福岡へ移住するというカップルが来てくれたり、店というのは開けて何ぼなんだと、しみじみ思う。

五月

生誕祭

昨日はバイトをしてくれていた公家さんの誕生パーティー。友人のいせちゃんの事前準備がこれまた半端なく力が入っていて、傍で見ていて、こちらの拳にも力が入る。大人がすっぽり入るようなダンボールが二つ届き、中にはど派手なバルーンセットが。早く来てくれたお客さんがみんなで飾り付けをしてくれる。店の中がだんだんとジャングルクルーズのようになっていき、変だけど楽しい。そのうちに人も集まり、カウンターとボックスが埋まり、いい感じで酔った公家さんが登場する。店内は、人で、もういっぱい。入場と同時に鳴り響くクラッカー、感激して涙ぐんでくれる公家さん。二時間も酒を飲み、彼女を待ち続けた友人の思いがはじけた瞬間は、なんともいいものであった。最初の挨拶と乾杯の音頭は岡崎武志さんがしてくれる。「中央線一キュートな酔っ払い公家さんに乾杯！」と素敵な一言。

その一言で気が緩んだのか幹事のいせさんは、赤ワインと白ワインをかぱかぱ空け始め、酒の海に入っていき、しばらくすると「わたしもう駄目」と帰っていく。半端じゃない準備を含め、お疲れ様でした。ケーキカットの時には裏口からマエケンが登場して、そのままサプライズライブ。これも公家さんは喜んでくれた。よかった。雨の中、裏口で待機してくれたマエケンにも心からの感謝を。マエケン曰く「いやー、今までコクテイルに何回も来たけど、今日が一番いい日ですね」とのこと。いろんな人が公家さんを祝いたいという気持ちを持ってきてくれて、その思いが店の中を渦巻いて充満して、それがステキな雰囲気を作ったんだろう。彼の言葉を引くと「公家さんて、人望あるんですね」ということに尽きる。最高の誕生日における褒め言葉だと言う。生きているということを、全面肯定しているんだもの。公家さん、本当におめでとうございました。

さて、本日も当店はパーティーです。荻原魚雷さんの『古本暮らし』出版をお祝いする会です。五時から七時までは貸切ですが、それ以降は通常かつお祝い営業なので、どなたでも来て下さい。魚雷さんも酔いつぶれるまでいてくれます。いいね、幸せな店内は。僕も元気が出ます。

本日休ませていただきます

人生の正念場なので、本日休ませていただきます。

六月

熱い

「こんにちは」といきなり夏がやってきた。今までとは日差しの強さが明らかに違う。歩いていても汗ばんでくる。ああああ、今年も夏がやってきてしまった。あんまり好きじゃないんだよなあ、夏。ラーメン食べるだけで汗が出てくるし。

昨日は金曜日なのに暇だった。今週一番暇だったかも。バイトの松本さんが急遽休みで、僕一人の店番だったので、良かったといえば良かったのだが、やはりあまり良いことではないなあ。銭湯に行ってすっきりして、宿題をします。

地図

久しぶりにぐっすりと、それなりの時間眠れた。爽快だ。昨日も店だ。ここのところ本当にサボらずに働いている。「日曜なんて暇だろう」と思っていても、店を明けるとそれなりにお客さんが来てくれるので、「働く喜び」なんて、想像上のプロレタリアートだけが感じるものと思っていたのだが、そんな風に心の底から感じたり。単純な奴なんだろうね。もちろん今日も店です。これから神田の古書市場に行って、買い物に仕込み、合間に古本仕事をこなして、時間が余ったら文章の宿題を。気持ち悪いくらいに勤勉じゃないか。

弁当箱のような分厚くて重い、さらには上下二冊の『ドイツ・ソビエト大戦史』を読み始める。ナチス政権の成り立ちから、さらにはスターリンの権力掌握の過程という、お互いの根本の話から始まるので長くなって当然という本だ。仕込みの合間にカレー用たまねぎを炒めながら読んだり。腕の運動にもなっている。

ドイツがソビエトに侵攻したときに用意した地図がまったく役に立たなかった、という話が面白かった。あるべきところに道路はなく、ひょんなところに飛行場が現れ、おまけに架空の街まで書かれていたり。地図というのはきわめて軍事的なもので、日本でも戦前は参謀本部がすべての地図を管理していた。事情も大なり小なりソビエトと似たようなもので、軍事拠点などは地図の上に書き込まれることはありませんでした。ソビエトの場合はそれが極端だったということでしょう。

ドイツ軍は進軍し、占領した土地すべての地図を作成したそうです。それも本格的なもので、スターリングラード占領作戦「ブラウ」のときは未踏の巨峰エリブルス山に、なんとソビエト兵をポーターに雇い登頂し、山頂にドイツ国旗を立てて測量までしたそうです。一九四一年冬のモスクワ攻防戦の時にも最前線のすぐ後ろで測量をしていた部隊がいたというから、余裕の現れというよりは、土地というものに対する異常な執着を感じます。

一九四三年夏のクルスクでの攻勢以降、ドイツ軍は堤防が決壊するように敗走をはじめます。自分達が作った地図を唯一の頼りにして。その地図の出来栄えは、戦後ソビエトが正式に採用して、六〇年代半ばまで使っていたというから、皮肉を超えたブラックジョークでしょうか。奪い取ったものを、把握するために紙に書き写し、それを頼りに敗走し、勝者にそれを使われる。なんか、こういう人生もあるなあと、一人思ってたまねぎを炒め、涙する。

吉田健一好みハムエッグ

このところ、「吉田健一好みハムエッグ」を、お客さんにすすめている。マスタードとソースをベタベタつけて食べていただく。四〇〇円なり。

「長生きチョンパ」

こんなに日記を書かなかったのは久しぶりだ。週末に古本の即売会があり忙しかったというのもあるのだが、なんか書く気がしなかったのだ。というか、二回くらい書いたのだが、読み返してあまりにもつまらなく思い消してしまったのだ。なんだろうか、この「つまらない」という思いは。「面白い」の基準が前よりも高くなったのかな。それだったらいいのだが。

Paradisの岩崎さんに借りた三木鶏郎のCDが気に入って、仕込みの時に、店の営業中にヘビーローテーションでかけている。高度成長期の日本の空気が充満していて、聴いているだけで元気が出てくる。ザ・ピーナッツが歌う「小田急ピポー」が特に好きだ。「速いぞピポーの電車。おだきゅー、おだきゅー、ピポ、ピポー、ピポ、ピポ」。意味はよくわからないが、とにかく勢いがあり景気がよい。口ずさみながらカレー用にたまねぎを炒めたりしている。船橋ヘルスセンターのCMソング「長生きチョンパ」も面白い。千葉県の船橋市に一九五五年に出来上がったこの伝説的なレジャー施設は、一二万坪の土地の中に一万坪の建物群を建てて、「白亜の温泉デパート」とその存在を誇示した。単なるいまどきの「ヘルスセンター」ではなく、遊園地に大プールレース場、さらには飛行場まで併設して東京の遊覧飛行まで出来る、まさに「夢の大遊技場」だったのだ。敗戦から一〇年、高らかの復興を謳歌するように、この施設はまさに「東洋一」を誇って建てられたのだ。「船橋ヘルスセンター、船橋ヘルスセンター。長生きしたけりゃちょっとおいで。ちょちょんがぱ、ちょちょんがぱ」。農協の団体さんが大型バスで押し寄せ、芸者を揚げて大宴会。酔って軍歌を歌い、生き残った喜びを噛み締める。「俺はフィリピインでの生き残りだぞ」「俺は満州からの引き上げだ」。死んでいった友人の話をして時には涙ぐむが、とにかく自分は生きている。今日は温泉にも入った、隣の芸者もいい女だ。家で待ってるかあちゃんには悪いが五〇〇〇円もだしてこの女と寝るだろう。明日は潮干狩りをしたあとに成田山詣でだ、家に帰ったら田圃の水を少し抜こう、そうだそうだ坊主に万年筆でもお土産に買っていくか……。しかし戦争は酷《ひど》かったなあ、でもとにかく俺は生きている。男の呟きを想像しながら毎夜毎夜CDを聞いている。「千葉」と「船橋」が輝いていた、ほとんど冗談のような「東洋一」の「大遊技場」を夢見ながら。もう一つの「東洋一」日本のディズニーランド「横浜ドリームランド」ができるのはこれから九年後、東京オリンピックの年の昭和三十九年。

穏やかな暮らし

いろいろあって、ごじゃっとして、ぐしゃっとして、それからぺんぺんになって、今の僕は落ち着いています。人生はまさに、かさばらず、ぬけださず。昨日は家人と「なんか僕達別れるという話らしいよ」とよい感じの酩酊状態で噂話についてのあれこれ。「へー、そうなんだ、本当に別れちゃおうか」と笑いながら言われる。それが、たわいもないのだが、なんか嬉しい。最近の彼女との会話は、ドアを開いて、彼女の中に入っていくようで、話をしていてとても楽しいしうれしい。僕も裸になって、ふりちんになって、てへって馬鹿みたいに笑って、間抜けに座って話が出来る。空を見上げて、それがあまりにも青々としているので、宇宙とくっついているのがわかるように、当たり前のことをようやく理解する。罪深いほど間抜けなんだが、しかたがない、しょうがない、どうしようもない、それでも生きて、歩いていくのだ。ごめんなさい。誰に謝っているのかは、誰にも教えないけど。

七月

サウナにて

今日は「ちちぼうろ」の投げ銭ライブの日。時間は五時半から。「ちちぼうろ」のジョーさんとは、今の店が開店した頃に知り合い、彼が自ら焼いたCD‐Rをもらって聴いたら、見た目の強面とは大違いな柔らかで繊細な世界観にはまってしまった。今日は、いまのところ、雨も強いし、風もびゅんびゅん、嵐とちちぼうろの夕べ。お楽しみに。

台風の襲来に怯えているのか、たんに雨を嫌っているのか、目の前の商店街を歩く人も少なく、街は嵐の前の静けさ。暇だろうと、コンビニで雑誌を買ったりしたのだが、予想に反してそれなりに席が埋まる。ありがたいことです。辰さんと並ぶもう一人の師匠悠山社書房さんがブックス丈の推名さんと連れ立って来てくれる。以前なら、悠山社の橋本さんとは月に一度、古本業者の仕事をしていたので、気軽に言葉を交わして、謦咳に接することが出来たのだが、今はたまに神田・古書会館の市場で出会うか、高円寺の即売会の終わりに立ち寄ってくれるか、とここまで書いて思ったのだが、会いたいときには僕が会いに行けばいいんだ、と。今度から青梅に行きます。

目の前の二人は、娘、息子の話。仕事のこと。連れ合いのこと。年のいった男が、淡々と話をしているのだが、年輪というのはやはり隠すことが出来ず、話もどこか重く深く、そして悪くはない。大人になってから出来た友達は、やはり格別だなと、思った。

たまに行くサウナに、これぞ「親分」という立派な彫り物が入ったヤクザのおじさんがいる。彫り物と貫禄だけで「ヤクザの親分」と決めつけているのだが。サウナという狭い個室で、おまけにみんな裸。そこで肩寄せあって汗をかいてという、ある意味不快この上ない空間に、こういう大貫禄が入ってくると、それだけで場が緊張するのがわかる。当の本人も十分承知していて、文庫本の小説を読み、自分の存在を薄くしている。怖い人なのかしれないが、気を使う人でもあるのだ。一昨日、一ヵ月ぶりにそのサウナに行くと、大貫禄が周囲のおじさんと楽しそうに話している。「いやー、この前のゴルフのあとの飲み会でさー、俺も嫌いじゃないから勧められるままに飲んだらさあ」。強面をくしゃくしゃにさせながら、楽しそうに話している。周りのおじさんたちも、本心は知らないけど、違和感もなく気軽に話をしている。大貫禄は本当に楽しそうだ。いつも持っている文庫本も見当たらない。

どこの世界もそうなのだろうが、彼らの、それこそ何事も道を極めるような、ピリピリした緊張感の中で生きていると、友達って出来ないのだろうなと思う。そういう中で、稼業とは無関係のそのへんの街のおじさん達と、友達とは言えないだろうけど、どうでもいい話をこんなに楽しく話せるようになったのは、大貫禄にとっては良いことだったのだろうと思った。汗をかき毒素を出しながら、毛穴から、また幸せが入ってくるような、そんな気分になった。

「ちちぼうろ」のジョーさん

台風が微妙にそれて、東京を直撃せず、房総をかすり、列島に沿うようにして北上し、ライブが始まる頃にはたまに吹く強い風が嵐の名残り。「台風が行っちゃってよかったですね」「直撃でも面白かったのに」。嵐の中の演奏会なんて、裕次郎や旭がふらっと登場しそうで、素敵じゃないか。「風速40メートル」という石原裕次郎が主演した映画があった。建設会社の重役の息子が裕次郎。罠にはめられた父親を救うため、建設現場に身を投じる。最後のシーン、台風が直撃している中、高層マンションを完成させるためずぶ濡れになって、嵐と戦いながら資材を運び据え付けている裕次郎は、高度成長の最大の理由「鬼気迫るまでの勤勉な日本人」を見事に体現していた。人間鬼気迫っている姿は本当に格好いいからなあ。今回の台風の最大風速は五五メートル。どんな嵐がくるかと思いきや。残念。

「ちちぼうろ」ジョーさんの柔らかで力強い声と、寄り添うようにゆっくり深く奏でるファゴット、「キャラメル」という曲の歌詞ではないけれど、二人は見事に溶け合っていて、美味しい香りを漂わせていた。店内がよっていた。昨夜は本当に堪能した。数年前に知り合い、その頃のジョーさんは元気がなく、歌声もややもすると湿り気に行きがちだったのだが、今回は内に力強さがあるので、硬軟合い混ざって表現に奥行きが出ていた。また店に歌声を染み込ませて欲しい。

家にいる昼ではあるが、近所の人がピアノを弾き始めた。相変わらず下手くそだが、毎日聴いていると、微妙に上手になっているのがわかる。下手なピアノを聴き続けるのも、こんなふうに感じられるなら、悪いことではない。山本玄峰という禅坊主の最後の言葉を思い出した。寝ていた布団から起き上がり、傍らで看病をしていたものに「旅に出る、衣を用意しろ」と言い死んでいった。死へ向かうのも旅なら、生きるのも当然ながら旅だろう。

吉田類さんご来店

最初に訂正を。ハジメちゃんのパーティーですが、会費制を止めたいと思います。普段通りの営業形態での宴にしたいなと。ですからもっと気軽に来て下さい。

猛暑の予測だったのが、七月も後半に入ろうというのに、昼間も肌寒い。夜なんて上着がないと辛いくらいだ。自転車のペダルを漕ぎながら家へ向かうのだが、肌に当たる風が晩夏みたいで、なんにもないのに物悲しくなる。数日前に蝉の声を聞いたのだが、鳴いたばかりの蝉の死体を見つけそうで、道路を見ないで前に進んでいる。電気代が安いのがせめてもの救いで、参院選の政見放送が最近の笑いの種。

昨晩は吉田類さんがご来店。『夕刊フジ』に連載中の「吉田類の一献一句〜酒場めぐり」という記事に当店を取り上げていただき、掲載誌をわざわざ持ってきてくださる。バイトの石川君と二人並んだ写真も載っている。僕に関する描写、「無表情だが、大人のホスピタリティに溢れた狩野さん」とある。褒めすぎでしょうと、思わず赤面。ワインを一本半空けてきたというが、そんな酔いを感じさせず、悠々と飲んでいる類さん。なんとなく中国の大人を感じさせる、海のような飲み方だ。繋がりを作ってくれたいせさんにも感謝を捧げます。お二人ともありがとうございました。

さて、ハジメさんです。

僕が国立市で古本屋として開店したのが二六歳の春。それから半年は古本屋一筋で営業していた。いろいろと思うところと、助けてくれる人があり、酒場を併設することも出来た。今年僕は三五歳になり、来年は三六歳になる。国立で開業してから、来年でちょうど一〇年。商売人として十年選手。立派かどうか。頼もしいかどうか。資本主義の波に上手に乗っているかどうか。そのへんはともかく、よくぞここまで頑張ったと、とりあえず自分を褒め、助けてくれた全ての人に感謝を捧げたい。ありがとうございました。

そんな中、創業当時から何かと、こんな僕を助け手伝ってくれ、前の店ではカウンターに入ってバイトとして働いてくれた、ハジメちゃんが結婚をした。目出度いことだ。山陰地方から上京する折、母親からは「東京は人さらいが出るから夜は出歩くな。生水は飲むな。都合はとにかく恐ろしい」と言われて田園都市・国立へ上京。雑誌で見た「原宿」や「渋谷」まで電車で小一時間。夜になれば早々に店じまいする「眠る街」国立。ここの何処が東京だ、クレープ一つ売ってねえじゃないか。ペイズリー柄のズボンにアロハシャツ、イタリア製のオートバイTOMOSを駆り、武蔵野を疾走して見つけた店が「コクテイル」だった、という。暗そうで年齢不詳な店主になんとなく引っ掛けられ、店に出入りして一週間後には留守番をさせられていた。ここに来たのが運の尽き。立派な国立大学に入り、幼少から「神童」と言われて、国を出るときは同級生に「総理大臣になってください」と見送られ（これも本当の話)、大蔵官僚か大手の銀行か、果ては財団法人に天下りか、それとも政界進出か。家族は固唾を飲んで彼の出世を見守っていたのだが、帰京するたびに服装は派手になり、髪の毛は七色に染まり、その上大学を辞めて美術家の弟子になる、などと言う始末。ご両親様、すべてコクテイルに出入りして、怪しげな人々と交じり合ったせいで、彼はそんな風になってしまいました。

そんな彼も、今では某市の美術館で学芸員として働いています。立派な公務員になったあたり、話が出来すぎて面白くないけどね。そんな彼の結婚を祝して、七月二十八日に宴を開きたいと思います。一五〇〇円で食べ物と飲み物が付いています。是非来てください。七時開催です。ハジメちゃんを知らない人でも、幸せに乗っかるのは楽しいので、是非どうぞ。

お休みのお知らせ

最近は本をほとんど読めていない。時間もないし、というのは、本を読まない人の典型的な言い訳で(読書に関してだけではないけど)言いたくはないのだが、本当にそんな毎日。欲しいものは、穏やかな暮らし、です。朝から白波のお湯割りを飲んでも、爛れない、そんな優雅な日常を過ごしたいものです。

ここで、いきなりの夏季休業のお知らせをします。七月二十九日(参議院議員選挙投票日）から、八月二日何もない木曜日までの五日間お休みさせていただきます。その代わりお盆の休みを取らず、サボりの日もなくし、湿度のない（気分的に）爽やかなコクテイルの夏を、八月九月そして一〇月のはじめまで、ご提供します。改装の下準備と思ってください。そういう意味でも、七月二十八日のハジメちゃん夫婦の結婚を祝う会は、盛大にしたいと思っています。どうぞ、皆様来て下さい。いきなりの、勝手なお休みですが、この五日間は、大人になって初めて、ちゃんと自分で取る初めての夏休みだと思っています。「サボリ」でなく「休み」です。とりあえずいっぱい寝て、いろいろ考えて、飽きたらこの街を散歩して、夕方から居酒屋に行って、酒をぬく日も苦痛なく取って、必要な買い物をして、また寝て、そして立ち上がって歩き始めます。

八月

見えぬもの、感じるもの

昨日はＥｔｔのボーカル西本さゆりさんのソロライブ。普段は弾き慣れず「手が痛くなるんです」というギターを抱えながら歌ってくれた。とても良い歌たちだった。西本さんの声に乗って言葉が、音の波が、店の中を浸し、聴いている人すべてに祝福を与えているようだった。なんだろうか、歌って。歌う人の伝える力って。上手い、下手を超えた説得力は何処から来るのだろう。いろんな人のライブをカウンターの内で聴きながら、最近そんなことを考える。歌い手の人間としての力、というところに収まるのだろうが、それもわかるようでわからないし、人間の力を言語化なんてなかなか出来ないしなあ。店の空気が変わっていく。あやふやだけど、確実に感じるもの。金子みすずの詩じゃないけれど「見えぬけれどもあるんだよ、見えぬものでもあるんだよ」かあ。

お盆

振り返れば五日ぶりの日記。その間はパソコンもめったに開かなかった。ネット上のメールをチェックしてみると一〇〇通以上溜まっていた。わずか数日でだ。ビックリしながら、消去したり残したり。文明というもののやっかいな一面。

外にでると、歩く人も少ない。暑さのせいもあるだろうが、この街にいかに地方出身者が多いか、ということなのだろう。今年は帰省しないと、大分前に決めていたので、帰省ラッシュやUターンなんてのをニュースで見ても、「ふーん」という感じだ。田舎では盆を過ぎると暑さも和らぎ、日差しは強いけれど、風は秋のそれだ。少し高い山に登れば、赤いトンボが群れをなして飛んでいる。小学生の頃はなにやら人生の終わりにも似た、寂しげな気分を感じていた。だからだろう、今でも夏の終わりは、少し寂しい。

お盆は正月のように親戚が寄り集まり、朝からビールを開けて飲んでいた。昼食は宴に近かった。昼過ぎになると、酔いも回り、大人は一休みと昼寝をしていた。僕は宴の後の虚しさを抱えながら、凶暴な日差しの中に飛び込んで、遠くから来た従兄弟と遊んだように思う。何をして遊んだのかは覚えていないが、とんでもなくつまらなかった事だけは覚えている。昔読んだ科学雑誌の「火星での生活」を彷ふつさせる。

昨夜、店で聞いた話では、とにかく東京の暑さがとびぬけて異常だという。その余波で北関東が大変なことになっているのだとか。沖縄の最高気温が三一度だと聞いて思わず声を上げた。「沖縄に避暑か」と冗談が出るような話だ。

東京湾岸沿いに出来た高層マンションやオフィスビルディングの影響で、海風が東京の内まで入ってこないのが、猛暑の原因だとも聞いた。これはひとつ、打ちこわしだろう。高層マンションにのほほんと暮らし、「東京の夜景は僕らのものだね」。なんて言いながら白ワインを飲んでいる軽薄な奴しか住んでいない湾岸のビル群を打ち壊そうではないか。もしくは北海道に移住だ。移民の覚悟で北にいこう。ムネオもチハルも待っているぜ。榎本武揚の夢よもう一度「蝦夷共和国」ならぬ「酒と古本共和国」を建国しようではないか。ＧＤＰは低いけど、戦争なんて考えもしない平和な国だろうなあ。福祉とかには期待できないけどね。そんな思いを、お客さんの会話に耳を傾けながら抱いていました。

今日からお酒のメニューが変わります。夏なんでラムを充実させました。ワインも何本か新しく入ります。ご来店お待ちしております。

「深川いっぷくてぬぐい展」

今週末は古本の即売会と、高円寺のここ一番、阿波踊りが重なるヘビーな二日間。古本には値札を張り、つまみを仕込み、今週はこの二日に向けて全てを注ぎ込む。これが終わると、高円寺には秋がやってくる。笛と太鼓と踊りが夏をもぎ取って行くのだ。

今日から澄子さんと久住卓也さんが「深川いっぷく」でてぬぐい展を開催。二十六日には二人のスライドトークショーが、九月一日土曜日には久住昌之さんのライブが、それぞれ行われます。昨日はその搬入帰りの二人がご来店。澄子さんは疲れきってぐったり、久住さんは、逆に疲れすぎてハイテンション。そこになんと岡崎武志さんがやってくる。岡崎さんの京都の話で盛り上がったり、てぬぐい展をするきっかけとなった、怪人松山俊太郎先生の逸話で大笑いしたり。人に歴史があるように、つき合いにも年月というのがあり、この三方と長きに渡り接していただいているというのは、それはそれはとても嬉しいものである。なんて少ししんみりする、晩夏のコクテイル。

てぬぐい展初回は二年半前。開店二周年の記念イベントとしてやったのが初めてだった。それから京都に行ったり仙台に行ったり、思えば遠くまでてぬぐいは旅をしたものだ。全国で数百枚の「くすすみ」てぬぐいがひらひらと彷徨《さまよ》い、人の首に巻かれ、酷暑では健気に汗を吸い込み、酔って居酒屋の片隅に忘れ去られ寂しい思いをし、店の人に見つけられ「あら、なにこのてぬぐい可愛いじゃない」なんて言われて店の布巾として使われ、布はすすいっと人の心に入っていく。一枚一枚手で刷った、決して器用ではない二人だから丁寧に刷られたてぬぐい。横三〇センチ縦七〇センチ厚さ〇・四ミリだけど、心の重さは無限大（くさいね）のてぬぐいを深川まで見に行こうじゃありませんか。

阿波踊り

今日明日と高円寺は阿波踊りです。夏の総決算です。当店では五時からあべみきさんのライブをやって、勝手に盛り上がります。阿波踊りに繰り出すまえに来て下さい。

夏祭り

週末の高円寺。買い物に出たとき、ふと空を見上げると、空に浮かぶ月の大きさにおもわずおののいてしまう。半月から徐々に満ちていく途中の、虫歯で膨らんだ頬のようなアンバランスな月。それがかえって怪しげで美しい。

地では人々が鉦と太鼓をならし、横笛を甲高く吹き、「やっとさーやっとさー」と呪文を唱えながら笑顔で踊り狂う。人類最後のお祭りを見ているようだ。春に豊穣を祈るでもなく、秋に恵みを祝うでもない阿波踊りは、暮れ行く季節を懐しむように、送り出すように、哀切に満ちている。全ての夏祭りは野辺送りなのだろう。

急ぎ足で店に戻っても、喧騒は店の中にも充満していて、逃げ切れない宿命を感じる。「さようなら、さようなら」と呟きながら、それでも笑顔でお酒を出してつまみを作る。これで僕も立派な死人になれるのだろう。

マエケンこと前野健太君が、もじゃもじゃ頭をキャップで押しつぶすように、店に来てくれる。思えば数ヵ月ぶり。古いホームドラマに出ていた西田敏行を思い出させる風貌だ。貫禄が出た、というか、それとも老けた、といおうか。それともぐっとよく受け取って大人になったと見るか。

「いや、やっぱりコクテイルはいいですね。今度ライブやらせてくださいよ」

先輩フルート奏者に強引に注がれたエビスビールが彼の何かを壊したのか、大声ではしゃぐように言ってくる。数ヵ月前に練馬の彼の自宅で、僕にとっては些細とはいえないことで、彼と口論になった。というか喧嘩をした。長い付き合いでそんなことは初めての経験で、一人っ子で我がままな僕も、真ん中生まれの甘え上手な彼も、自ら動いて仲直りをするということをせず、思えば数ヵ月の時間が経過していた。

そして、昨日の来店、はしゃぎっぷり。数歳年上の僕が、一度会って酒を酌み交わそうと、電話すべきだったのだと、飲みすぎて道路で横になっている彼を見て思った。反省もした。途中路上で二人短い時間だったが立ち話をした。これまでのこと、これからのこと。数分の会話だったが、わだかまりは冗談のように溶けた。さすがは暑い夏だ。

料理

昨日今日と空は曇っている。低く厚い雲が、太陽も月も星も覆い隠している。帰り道、自転車を飛ばし、たまに空を見上げても何も見えない。見えないどころか、雨粒が落ちてくる。こういう日々もあるのだろう。

昨日作った手羽元と夏野菜のカレー煮が美味しかった。自分の手柄というよりは友人からもらったカレーペーストのお陰。これ一掬いで驚くほど味に奥行きが出て、スパイスの深さが堪能できる。夕飯として一人前を開店前に食べる。仕事の前に香辛料を食べると、ほのかに体が温まり、身の内からやる気も出てくる。久しぶりにエチオピアのカレーが食べたくなった。海老カレーの一〇倍。野菜サラダもつけて。

最近のようなきつい日々のときは特にそうで、自分の身体に何を欲しているか聞きながら、料理を作ることにしている。灼熱の日には酢のものを出したり、オクラやトロロのような粘ついたものを工夫してみたり、そんな過程や思考、自分の身体との対話を面白く感じている。いやはや、料理とは知的なものだと思っていたが、ここまで奥深いのか、と。どこまで奥が深いのか、と。

また暑い日々が戻ってくるかもしれないが、朝や夕は秋の気配は隠しようがない。九月に入るともっとはっきりと色濃くなってくるだろう。なんとなく、寂しげな日々だ。こんな時期こそカレー煮をどうぞ。去りゆく夏も、野菜を嚙み締めるたびに思い返せるし。

九月

台風

のために大事をとってお休みにさせていただきます。明日の台風一過の夜にお会いしましょう。

精力減退

最近、とみに精力の減退を感じるので、友人三人と連れ立って赤羽の川魚料理の店に行く。ここでは、万葉集が編纂された時代から、高貴な人々の間で「精がつく」と珍重されていた鰻。最近ではコラーゲンを豊富に含んでいることで、美容食として持てはやされているすっぽん。古来、福島地方では遊女と遊ぶ前にこれを食すと止まるところを知らずと恐れられ「遊女殺し」の異名を取った鯉。

などなど、伝統的な精力増進つまみが揃いに揃い、かつ下手物とは一線を画す上品さを備えている某居酒屋へ、男三人は勇躍乗り込んだのであった。「三人さま御二階でーす」という恰幅のいいおばさんの声に押され、二階の座敷席に通される。中年ばかりの三十畳は大人の遊園地だ。大声で話しながら、飲みかつ食らっている。泥鰌の柳川で汗を流し、鰻の肝焼串まで平らげ、鰻の白焼きを数人でつつき、向こうの隅の男性はうな重を頬張っている。日本を支えている原動力は、こういう店にあるのかもと思わせる、美しく力強い風景が広がっていた。お父さんはね、今日も頑張っているんです、と。

気を飲まれかねなかったのだが、そこはぐっと踏ん張り、大きな声で「大生三つに、すっぽん鍋と蒲焼三人前」と。

心なしか周囲の空気も「やるな」という好意的なまなざしと、と同時に若さへの嫉妬を感じさせる微妙な空気も醸し出される。そんな周りを構うことなく生ビールをがぶ飲みし、蒲焼をむさぼるように食し餓鬼のようにすっぽんをまさに骨までしゃぶり、スープを嘗めるように飲む。さて、効き目は。

風邪の日の過ごし方

布団の中にいる。風邪をひいてしまった。風邪とはいえ退屈するので、合間に本を読んだり映画を見たり。先週の即売会で買った『謀略の昭和裏面史』を読み始める。「右翼の源流玄洋社と黒竜会」の章から始まり、張作霖爆殺、甘粕正彦に川島芳子、児玉機関と大陸浪人、ゾルゲと昭和政界、終戦クーデター計画、消えた日銀ダイヤとM資金、キャノン機関の地下人脈……。

線路がどこまでも続いているように、この本によれば陰謀も限りなく、過去から現代、そして未来をも貫く唯一の獣道《けものみち》だ。こういうのがいくら好きとはいえ、体力のない日には、いい加減に疲れてくる。

本を閉じて、目をつぶる。さんざん寝ているので、それも長くは続かない。テレビを付けるとケーブルテレビは「キリング・フィールド」をやっている。カンボジア紛争とクメールルージュ支配、それ続くポルポトの虐殺を描いた映画である。米軍がヘリで撤退し、首都プノンペンに進軍してくるクメールルージュ。解放を喜ぶ市民もつかの間、都市を放棄して一斉に農村へ移動させられ、過酷な農作業に従事させられる。そしてインテリ階級の粛清。

良い映画なんだけど、暗い話だ。これまた気力がなえている日にはいささか辛い内容だ。こういう日には「サザエさん」を、湯たんぽを読むような気持ちで手にしたほうが良いと思った。いまだ風邪は抜け切ってはいない。とりあえず、とどいたばかりの掃除機で部屋の埃を吸い取ろう。

トークショー

昨日はお休み。これを利用して、お店のレイアウトを少し変えました。店内の見晴らしを良くして、トイレの壁を厚くしました。覗きに来てください。

昨日は十条の斎藤酒場で衣の厚いアジフライを堪能する。結構食べて飲んで、お会計二人でが三〇〇〇円強。創業は昭和三年。昭和の香を色濃く残す店だが、値段まで踏襲している。清酒一本一六〇円だって。ひたすら満席なので、人の声で満杯なのだが、不思議と落ち着いて酒が飲める。ゆっくりと酒が身と心を満たしていく。心地のいい場だ。地霊が良いのか、店の人間がいいのか、飲んでいる客がよいのか。店をやっている人間から見たら、羨ましい限りの名店だ。

その後、新宿はゴールデン街に移動して、長嶋康郎さんと落ち合う。カウンターの中にいるのは、作家の山崎ナオコーラさん。週に一度だけ店番に入っているそうだ。長嶋康郎さんは国分寺で古道具屋さん「ニコニコ堂」を営んでいる渋いおじさんだ。息子さんは作家の長嶋有さん。ちょうど一年前に、康郎さん、有さん、久住昌之さんの三人でトークをしてもらった。今回は長嶋康郎さんとナオコーラさんの二人で、当店でトークショーをしてもらおうと、打ち合わせを兼ねて飲みに来たのだ。

トークショーは十月二十六日の金曜日七時からです。九時くらいまで。チャージは二〇〇〇円。若干変更するかもしれませんが、日はずれないと思います。予約制にしたいと思います。それでは。

十月

書

ここ数ヵ月のもやもやが嘘のように晴れる。というか、ある種の思いを覚悟することにした。今週土曜から書の展示をします。「田中サヤ　コクテイル書房　書遊展　十月十日から十一月十三日まで」。本と書と酒という初めての試みです。お酒の合間に墨の躍動を、揺らぎを、楽しんでください。

岡崎さんと澄子と魚雷さん

久しぶりのトークイベント。いつ以来なのだろう、本当に思い出せないくらい昔のような気がする。時間的にも、気分的にも、むかしむかしの出来事のような。カウンターの内で、そんな気分でいる。

開場時間前に寄り集まるお客さん。知人を見つけ挨拶を交わす出演者の方々。酒とつまみの注文を焦りながらもさばき、時に忘れる僕。何もかも久しぶり。悪くない。というかこの感じ、楽しいではないか。店が躍動し、動き回り踊りだす。岡崎武志さんがいつもの話芸を披露し、澄子さんが『古本病のかかり方』の装丁の苦労話を酔いの裏打ちを借りて話し、魚雷さんが同文庫本初解説の喜びと苦労をぽつぽつと。良い夜だった。

終わったあとの打ち上げ含みの店内の情景も、僕は好きだ。ちょっとしたパーティー会場かサロンみたい。賑やかな輪があったり、寂しげな二人組がいたり。十一時前にはお開き。ひとりカウンターで酒を飲む。ベルギーの濃い味のビールが喉に心地よく引っかかる。イベントの最後、澄子さんが作った「古本病おみくじ」というのを引いた。一個一個むかしのマッチ箱に入った澄子さん手書きの特製おみくじだ。全員に声を出して読んでもらった。「ご家族を呼んでください」「即入院です」「完治は難しいでしょう」。会場から温かい笑いが漏れる。渦になる。この一体感も三十年代のお茶の間のようで心地よかった。

野村さんの結婚記念日

先週の金曜日は野村さん夫婦の結婚三周年記念日。感慨深いものがある。そのころ、僕は店を高円寺に移転して半年。思いのほかの忙しさに驚き、喜び、そして身も心も疲れ果てていた。週末になればてんてこ舞いの忙しさ。平日も早い時間から仕込みをしていた。前の店のぬるま湯とは違い、一見のお客さんもわんさかやって来た。国立のはずれと高円寺の違いか。戸惑い、恐れが出てきた。それを振り払うために休みの日には常連と飲みに行った。仕事と私生活がぐちゃぐちゃになり、身体は疲弊して、心は磨り減っていた。悲鳴を無視して突っ走った結果、足の骨を折るように、急に倒れこんだ。ある朝、起きることが出来なくなったのだ。目は覚めているのだが、手も足も動かなくなった。身体が店に行くのを拒否したのだろう。

それから二週間、店を休み、部屋で寝ていた。記憶はないが、泣きながら酒を飲んでいたのだろう。逃避の日々の真ん中に、前から決まっていた野村さん夫婦の結婚祝いのパーティーを店で開いた。

どうしようもない状態を知っていた野村さんからは「無理しないで」と言われたのだが、

あの日がなかったら今ごろ店はどうなっていたのかわからない。僕はといえは、田舎に引っ込んで、テレビとネットが友達という、素敵な日々を送っていたかもしれない。

パーティーは人も大勢来てくれて盛況で、きりたんぽ鍋も評判がよく、良い宴だったと思う。野村さん夫婦を拍手で店の外のあづま通りに送り出し、さあもう一飲み、というところで僕が壊れた。何が原因か思い出せないが、テーブルの上の飲み物を蹴倒し、周りの人間を罵倒しまくった。「あーあ、飲み物こぼれちゃった」という誰かの声に「うるせえなあ、拭けばいいんだろう」と着ていた黒いジャケットを脱ぎ捨て雑巾代わりにした。今思い返してみると、もったいないけど少し格好いいぞ俺、という気持ちになるから、時の移ろいというのは面白いものだと思う。だって他人事だもん。翌日、重い肝臓と頭と、黒い思い出を鞄に詰めて、田舎に逃げ帰った。新幹線のホームの公衆電話で、昨日やったことを友人に謝った。「狩野さんが羨ましくなったよ。あれだけむちゃくちゃしても嫌われないって、ものすごい才能だよね」と妙な褒められ方をしたが、とても嬉しかった。

その友人が昨夜泥酔状態で店に来て、テキーラを一気飲みし、ビールを僕に頭からかけたのだが、これも何かの縁だと思うことにする。金高くん、怒ってないから大丈夫ですよ。そしてお会計はまだだからね、と伝言を。たかが三年まえのことなのだが、大昔のことみたいだ。引越しのことを書こうと思ったのだが、そこに触れずに今回は終わる。

引越し

今週には引越しをします。もちろん店ではありません。僕、のです。移転先は契約は済んだのですが、畳替え等のために少し先延ばし。それでも契約が十一月からで、今月の家賃をおまけしてもらっているので、ありがたいことです。場所は中野区大和町。通称高円寺の貧民窟。酷い物言いだが、住所が「高円寺北」と「中野区大和町」では同じ間取りでも一万円くらいは違ってくるそうだ。そのために、貧乏なミュージシャンや学生がわんさかと寄り集まっている。生活をしている。

店のお客さんも何人か大和町の方がいる。みんな普通の生活をしている感じだ。中には普通よりもレベルが上の感じの人も何人か。まあ、街とはそういうもので、東京はそういう都会で、この混在こそが都会の面白さだと思う。店には自転車で二分くらいでいけるので、楽になる。上京して住んだ街が丸ノ内線にある東高円寺。次が阿佐ヶ谷で、その後に今の住居がある荻窪。高円寺周辺をうろうろしていたのだが、今回、高円寺で初めて生活をすることになった。慣れた街だからこその嫌な感じ、べたついた感情もあるのだが、それでも住むことにした。いままで金持ちだったことはないが、将来そうなることにやぶさかではない。友人の父親は大和町に住み始めてからお金が溜まったそうだ。近い将来は大和町に住所がある富豪という嫌味な存在になるかもしれない。大和町とロールスロイスという食い合わせの悪いコンビを見かけたら、僕だと思って欲しい。なんてね。

引越し前のがらんとした部屋に一人でいる。持っていく物は洋服と本に若干の生活用品のみ。赤帽さんの軽トラックで余裕だろう。本は先月の即売会であらかた売り払った。残っている本は何冊もないし。この部屋に住んで二年弱、今までで一番短い期間だった。お金持ちの大家さんの二階という奇妙なロケーションと大きな窓はお気に入りだったが、それにもさようなら。

気学的にはどうなんだろう。最初は気にしたが、途中からどうでも良くなった。不幸が襲ってきたらそれもまた運命、なんとか戦うまでだ。今までを振り返っても、帆にいっぱい幸運だけを受けて生きてきたわけではないのだし。それでも今があるのがなによりの幸運なわけだし。どんな生活が待っているのだろう。始まりはいつも不安と期待が交じり合った、奇妙なボールを持っているみたいだ。どこまで投げようか。

空

さて、まずはお詫びを。昨日営業すると告知しましたが諸事情によりお休みしてしまいました。ごめんなさい。昨日来てくださった方、一杯奢ります。

次に今週の予定を。金曜は山崎ナオコーラさんと長嶋康郎さんのトークショーです。本当に若干ですがお席まだあります。翌日の二十七日土曜日は貸切の宴会となります。すみません。

気持ちのいい秋晴れの空だ。最近は空を見上げることが多い。青空を、うろこ雲をスクリーンにして光る夕焼けを、惚けたように何時までも見ている。空を見ていると日常の些事を一瞬でも忘れさせてくれる。人間、何も考えていないようで、黙って道を歩いているときでも、何かを考えているものだ。本当は空を見ているときも何かを考えているのかもしれない。ただその「何か」がとても素敵なことだから、「無」になれたような気がするのだろう。恐ろしいほどに綺麗な月を見ながら、昨夜の帰り道、そんなことを思っていた。

十一月

鳴呼！アメリカ

東京の華はやはり銀座なのだろう。午前中、散歩しながらそんなことを思った。新橋から大通りを銀座四丁目の交差点へ向かって歩く。昼前の十時過ぎなのだが開いている店がない。老舗やブランドはあくせくしないのがよいけど、いささか嫌味でもある。くすんだような松坂屋デパートでは店員が大声を張り上げて呼び込みをしているというのに。

フェラガモで三〇万円のジャケット、一六万円のパンツを眼にする。しかしここまでの値段だと全く関係がないので小波さえも立たない。ブランドのシャツ一枚で自分の全身の衣類をまかなえると思うと少し情けなくはなるけど。むしろブルックス・ブラザーズの六万円のコートの方が、食指も動くし買えない値段ではないので、心の喉が渇いてくる。大きなアメリカ国旗が掲げてあるこの店舗を外からのぞき見る。開店前の店内はけっこう忙がしそうで、男女の若い店員が細やかに動き回っている。それを静かに見守る白髪の男性がいる。支配人、という言葉がよく似合っている初老の紳士だ。古き良きアメリカを、ケネディの神話が色あせていなかった時代を、まるで体現しているかのようだ。

日本の七〇年代、ブルックス・ブラザーズなど、もちろん夢の彼方の彼方、VANジャケットも高級品だったこの国で、横浜に唯一あった直営店にアメリカ公使館と間違えて亡命をしてきた奴がいたそうだ。都市伝説のような話だが、笑えないのは本当の話だから。当時新聞報道もされたそうだ。

ベトナム戦争の泥沼で、ぬかるみに足を取られたあの国は、今では中東の砂漠に腰まで取られてもがき苦しんでいる。すっかり世界の悪役になってしまったアメリカ合衆国。ブルックス・ブラザーズの店舗を、アメリカ公使館と間違う奴もいなくなっただろうが、あの国へ進んで亡命しようとする人間もいやしないだろう。

ボジョレー・ヌーボー解禁前夜祭

今日も漫画喫茶で日記書き。時間がないので、いつもの個室ではなくオープン席でさくっと書き終えます。いろいろとありすぎて、それでも食傷気味や捨て鉢にならないのは、これはやはり人間が練れてきたというか、大人になったのではなかろうかと、勝手に思う今日この頃です。そんなことを思いながら、小田急ロマンスカーの後ろ展望席に乗って小田原へ。車内でホタテのおこわを食べながら、猛スピードのカヤックに乗っているような不思議な感覚。大きな窓で、去り行く都庁を見ながら、世田谷の町を駆け抜けていくのだが、窓が広すぎて風景が見えすぎるのと、線路のアップダウンをモロに感じるのとで、気持ちが悪くなってくる。数年ぶりで乗り物酔い。展望席なのに、座席を後ろに回すという、本当に意味のないことをしてしまう。

小田原では暮れ行く明かりに燃やされている太平洋を望み、果てのないように思う人生の仕舞いを感じたりする。終わりがあるからすべてのものは美しいのだな、とか。宮小路の「大学酒造」でとこぶしをつまみに剣菱の樽酒を。カウンターの中には大将がかくしゃくと店を切り盛りしている。

「今年初のアンキモだよ。目の前で捕れたサヨリの塩焼きはどうだい。はい、こちらに生ビール」

店を舞台かというように一人で客をさばいている。長生きとはそれだけで尊いが、充実した生を感じると、これはもう拝むしかなくなるような気になる。

帰り道に「だるまや」で一杯だけ飲んで帰京。帰りは運良く取れた前の展望席。最前列。すごいね、ものごとはなんでも一番前が気持ちいいのかも。興奮することしきりの一時間強でした。

さて、本日はボジョレー・ヌーボー解禁前夜祭。グラス五〇〇円。ボトル三〇〇〇円です。ふるってご参加ください。

本日

本日ライブです。よろしくどうぞ。

日　時：11／30（金）　19：00開場　20：00開演　チャージ：投げ銭制

出　演：

中川五郎（歌・フォークギター）

渡辺勝（歌・ガットギター・ピアニカ）
松倉如子（歌）
寒いですね。囲炉裏に炭を焚いてお待ちしております。

十二月

八つ橋

相変わらず、僕の部屋には通信手段がない。昨日、ようやく郵便受けにネット接続業者からの返事が来ていた。インターネットの高速接続を謳い文句にしている会社にしては、申し込みをしてから返事が来るまで一ヵ月以上というのは、年末の忙しい時期というのを割り引いても遅すぎだろう。

久しぶりの日記なので、手がかじかむように、脳も硬くなっていて、どうも上手く言葉が出てこない。書かなければいいのだが、書きたい欲望はあるので、苦労しながらキーを押している。大した内容ではないのだが、それなりに時間がかかった。まるで文字を刻み込んでいるかのようだ。

昨日、友人がお手製だという生八つ橋を店に持って来てくれた。生八つ橋をつくるというのにまず驚いた。雪深い東北人からすれば、高校生の修学旅行の時にお土産として買ってきて家族と食べ、その後自分が家族を持ち、子供が高校生になり京都に修学旅行に行き、お土産として買ってきてくれてまた食べ、その子が結婚して孫が出来、孫の修学旅行のお土産として食べ、その後、命が尽きて死んでいく、そういう食べ物だと思っていた。それを作ってしまうとは……。

小さな三角形にあんこが挟んであった。外にはきな粉がまぶしてあり、昔ながらの駄菓子のような、奥深い抑えた甘味が心地よかった。人生で三度しか食べない菓子を昨日食べてしまったのだから、これから先は生きかたも変わるのだろう。年の瀬に変化の予兆を嚙みしめながらそんなことを思いました。


「男なんて……」


ここのところ銭湯によく行く。二十二日はゆず湯。もうすぐ冬至だ。

今年ももう少しでおしまいだねと、カウンターに座っているお客さんたちと話をする。囲炉裏には炭が入って、横にかけた鉄瓶の口からは湯煙が細く出ている。スピーカーからはジョン・レノンが「war is over」。なんだか隅々までが年の瀬で、思わずお湯割りを飲んでしまう。一口でほろ酔い。年忘れの季節なのだが、宴席にもは一つも出ず、小さくこじんまりと酒を飲んでいる。茶室のような、箱庭みたいな日常なのだが、これが心地よい。来年は年男なのだが、中年という実感もない、なんだか得体の知れない三十半ばの男になってしまった。

「男なんてみんな子供じゃない。大人ぶってるかと思えばそれが経済力だったりして。それはそれでやってきた結果だから悪くはないけど、でもどうしようもなく子供ばっかりだよね」。三十路を過ぎた、可愛らしいのだが、昼間はばりばりと仕事をしていそうな女性が、カウンターで話している。仕事が出来そうな女性を恐れること甚だしい僕は、あいまいな笑みを浮かべるだけ。

京王閣で

年末年始を海外で過ごすという友人が、仕事の合間をぬって、店に来てくれる。人の波も一段落した静かな夜に、久しぶりの素面顔で。「クリスマスも正月も日本にはいないんだよ」と。よく会うわけではないが、なんとなくさびしいものだ。あと十日ほどで年が変わるというのに実感がない。粘着質のように今年の思い出を、靴の先につけたまま不自由に歩いている年の瀬だ。二〇〇七年は本当に終わるのかな。

京王閣のスタンドで、風に吹かれながら書いている。とにかく寒い、風が強い。しかし、競輪場にいる人は、驚くほど薄着の人が多い。冗談のように半袖、というかランニングシャツ一枚の人もいる。裸の大将が笑っている。寒さで手がかじかんで、キーボードがうまく押せない。トン汁のどんぶりで、時折指を解凍させながら、なんとか打っている。カイロでも買ってくればよかった。ジャンが鳴った。最後の一周、死に物狂いの形相でペダルを踏む選手たち。回る回る、選手も回れば、おじさんたちが投げ出した懐銭も回っている、夢も希望もアコムの貸付残高も回っている、競輪場も回っている、そのまま宙まで飛びそうだ。神の声が「確定」と結果を告げる。大方討ち死にして、そしてまた目覚める。だからここには亡者も生者もない。意味さえもない。ただ打っている、賭けている、歩いて走っている、串刺しのおでんを食べている。そうそう、回っているだけ。

横にいた友人が本を読んでいた。『厄除け詩集』。「ハルノネザメノウツツデ聞ケバトリノナクネデ目ガサメマシタヨルノアラシニ雨マジリ散ッタ木ノ花イカホドバカリ」。こんな文句を読んでいると、季節も場所もここには関係ないのだと思えてきて、なるほどそれならランニング一枚でも寒いはずもなく、猛然とコートとジャケットを脱ぎ、スタンドへ駆け走るのが流儀で、今年の名残を惜しみつつ、いのししの鳴き声を真似て、「ブーブーと言えども豚でなく」と謡のように口ずさみ、旅打ちの果て、九州は小倉を目指すのでした。

二〇〇八年

一月

本日より

いまさらですが、あけましておめでとうございます。今年もよろしくお願いします。お正月は四日が古本の即売会搬入日だったので、二日には仕事をしていました。東京都内での年越しは初めて。凍ったような街は寒々しくてとてもさびしかったです。そんなわけで今日から店を始めます。今年の、飲み屋部門の仕事始めです。今年は国立で開店してから一〇年が経ちます。開業十周年です。記念すべき年ですね。

さてどんな年になることやら。ご老公の一行のように緩やかに歩き始めます。

本日は

お日柄もよく、天気晴朗なれど波高し。ということとはまったく関係はなく、本日一月三十一日は宴会のために貸切とさせていただきます。すみませんがよろしくお願いします。

二月

カストロの雪合戦

午前中から豆まきに雪合戦をする。風呂上がりに薄着で、はしゃぎながら雪を丸めて投げつける。今年で三六の人間がすることではない、が楽しい。

故郷の郡山は、東北とはいっても、比較的関東よりなので、そんなには積雪量の多いところではない。それでも年に何度かはどかんと雪が降った。雪合戦も慣れたもので、中には小石を詰めて投げる奴もいて、まさに血を見るような合戦だった。上京して一五年以上、雪の思い出は数えるくらいだが、それだけに記憶に深く刻まれている。桜の開花の時期に雪が舞ったのは五年前か……。薄桃色の花びらに白い雪が降り積もる。世界の軸が壊れた、末法の世を見るような美しさだった。四年前の大晦日の雪も忘れることが出来ない。その年最後の営業日で、恒例のマエケンライブの日。昼から雪が降り始めると、みるみる地を覆い白く塗り込めた。日が落ちても降り止む気配はなく、交通機関も影響を受け、埼玉から来るはずだったマエケンの御母堂も足止めをくらい断念。しかし「狩野さん、人、来なかったら二人で初詣行きましょうよ」という彼の言葉に反してライブは満員の盛況。マエケンに上手に乗せられて即興で歌ったのも、今思うと雪に興奮していたのかもしれない。

フィデル・カストロが雪の中ではしゃいでいる映像を見たことがある。記憶が正しければ、キューバ危機のすぐ後、ソビエトに招待されたときに撮影されたものだった。ソビエトとアメリカという大国同士が全面戦争寸前までいったキューバ危機。両大国のなすがままに揺すぶられ翻弄された。革命の理想の末に作った国は、独立の保持という条件と交換に、大国の駒となって生き抜く道を選んだのだ。南国で生まれた若き指導者は、たぶん初めて雪を見、そして触ったのだろう。うれしそうに雪にまみれ、今日の僕のように雪を丸めて投げつけていた。大人の遊ぶ姿というのは、時に切ないものだ。

さて、今日は雪見酒です。湯豆腐と熱燗、それだけで気分は久保田万太郎です。寒い日は大人も子供も外に出て遊びましょう。ましてや夜遊びが出来るなんて、大人の特権なのですから。

三月

近況など

いまだに新居は情報の孤島である。しかし、これが意外に心地いいのだ。知りたい情報は朝買ってくる新聞を読めばほとんどわかる。巷に溢れているゴシップは、店のお客さんから漏れ出る小波で十分事足りる。孤島、意外と居心地がよい。困るのは、メールが読めないこと。数日ぶりに開いてみると「未読69通」とある。大半は広告もどきなのだが、中には重要なものもあり、返信するだけで小一時間もかかってしまった。というわけで、こういう状況ですので、返事が遅れたりすることがあります。なにとぞ気を長く持ち、僕という人間を眺めていてください。

先週末は一人でいる時間が多かったのだが、とにかく寝てばかりのごろつきな日々をおくった。遅めに起きて食事を取る、食べては寝て、覚めれば食べる、そしてまた横になる。入院生活というのを疑似体験したような気分だ。

そうそう、先月の二十七日で移転四周年を無事迎えることができました。これもひとえに皆様のお陰です、本当にありがとうございます。四月の後半には開業十周年を迎えます。はじめた時は二六歳、そして今年三六歳になりました。早いなあ、と一瞬思い、振り返ると思い出の数々、時の重さが身にしみてきます。あの顔、この顔、顔、顔、顔。いろんな人に出会った十年でした。

少々錯乱

三月になった。末には桜が開花するらしい。早いものだ。うかうかしてると死んでしまうよ。棺おけの中じゃ歌えないし踊れないよ。「俺にとっては金が神なんだ」と新宿で叫んでいる若者を見たけど、死んだら金も使えない。早くしないとなんとなく焦って生き急いでいます。

じゃあ「生きる」ってなんだ？　と問われたら、今の僕なら「選択をすることだ」と答える。選ぶこと、選び続けること。目の前にある食べ物が毒かどうかを瞬時に判断して摑みとること。分かれ道を右か左か判断し、どちらかに曲がり歩き続けること。駄菓子屋でくじ付お菓子を迷いに迷いながらも手に取ること。地下鉄に落ちた老人を救うために自分も下に落ちるか、それとも駅員を呼ぶか判断すること。目の前にいるウラジミール・プーチンを射殺するかどうするか。ちなみに彼はサンボの達人だ、一撃をかわされ反対に絞め殺されるかも知れないから逃げるという手もある。醜く太ったブリジット・バルドーが全裸で自分のベッドで寝ていたら、そこに入るのか入らないのか。もちろん六〇年代の彼女だったら迷わないよなと思いながらも、決めなくてはいけない。

選んで、選んで、選び続ける。これが生きるということ。こうやって生きていけばたぶん人間は腐らない。肉体は腐っていっても、精神は、魂は、朽ち果てない。誰にも倒されない。荒野に向かうのは、なにも青年だけではないのだ。というか、荒野に向かうという選択をした時点で、年がいくつだろうと、みんな若者になるのだ。馬鹿野郎、かかってこい、というのが人生だー。

春

すっかり春らしい気候になってきた。というか初夏の陽気だ。薄手のコートにシャツ一枚、下は麻のパンツで十分だ。こんな格好でも少し歩くとうっすら汗をかく。空に輝いている太陽も健全で、街行く人々も穏やかだ。

歳時記に通じていれば俳句の一つもひねり、親孝行なら田舎の父さん母さんに手紙の一つでも書くのだろう。僕はそんなこともせずに、駅から少し離れた街道沿いの手打ち蕎麦屋で昼からビールを飲んでいる。

これはこれで正しい春の迎え方だろうと、つまみに出汁巻きを頼んだり、生ビールを日本酒に変えて酔いを深めたり。店を出ると、まばゆい光線が目に入ってくる。酩酊してるからうっすらと桃色が滲んでいるように見えて「あー世界の色合いが変わったよ」と独り言を言うんだけど、酔ってるから声が大きくなり、すれちがいざまに笑われたり。そんな笑われている自分も世の太平に一つ貢献したと思える。これも、もちろん深まる酔いのせいです。このまま昼寝でもして、寝起きには銭湯に行き、火照った身体を夜風で冷やし、縄のれんをくぐる。昼のうっすらとした宵を持ち越して、甘めのサワーで身体をいたわり、そのあとは日本酒の冷や冷や冷や、焼酎のお湯割りお湯割り、で酔い酔い。夜もふけていき、僕は酒と一緒になり、隣にはあの娘がいて……。こういう完璧な世界に僕は住みたい。

四月

名古屋の宝

名古屋からＥｔｔさんが歌いに来てくれます。投げ銭制はほとんどありえない人気のお二人なので、この機会にぜひ聞きに来てください。

２００８年4月5日（土）開場：19：00／開演：19：30頃より

投げ銭制　要ご飲食代

出演：Ｅｔｔ

五月

福島の山菜

福島より山菜が届きました。今日は品書きが山菜満載の「山の幸」の日です。黄金週間の中日、是非どうぞ。

今日は古本の即売会、人は少なめ。みんなどっかに出かけているのでしょうね。

II

一九九八年春・国立で

退職金も貯金もなかったが、ただ熱い思いだけがあった

整理整頓が苦手なので、自分の荷物をまとめて、荷造りをして、運び出す、というのは考えるだけでも嫌になる。ということで、必要最小限のもの以外は捨てることにした。商売柄、さすがに本だけは一冊も捨てはしなかったが、再読しそうもないのは、即売会で売り払った。不燃、可燃、資源ゴミの日。目に入る物を捨てまくり、集積所にどしどし出して、家の中は日に日に空っぽになっていった。

引越をすることにした。離婚して、一人になって、余った広さがうっとうしくなり、家賃も高く生活に響き、付き合っている女性の家からも遠くて会おうにも一苦労だし、なんだかげんも悪いから、と。二〇〇七年十一月の終わり。荻窪から中野に。

箱が一つ、本棚の横から出てきた。

国立で「コクテイル」を開業しておよそ一〇年、その間の歴史が詰まった箱だった。一九九八年だった。ここから始めた。始まった。開店前に撒いた宣伝用のチラシは、時間がなく

てワープロで文字だけうって、近くのコンビニエンス・ストアでコピーした、味も素っ気もないものだ。何度もデザインを変えた本の後ろに貼り付ける値札も全種類がそろってる。ヴェネツィアにあるハリーズ・バーのロゴマークを、格好いいからという理由で盗用して作った。割烹着を着たおばさんのロゴは、それから三年後の二〇〇〇年秋、高円寺に移転した時のもので、「古本酒場」とこのころから名乗りはじめた。

イベントをしたときのフライヤーもある。詩の朗読、小説家のトークショー、音楽のライブ。「ポスター展」に「てぬぐい展」に「切り絵展」、いろいろやってきた。

雑誌にも取り上げてもらった。小さな記事までスクラップしてある。開店して一年後のことだった。初めて載せてくれたのは『Hanako』だった。お客さんと「行列が出来たらどうしよう」と話していたのだが、それを見て来店してくれたようなお客さんはなんと誰もいなかった。女の子二人組が車の中から怖々覗き、そのまま走り去ったときがあった。ただ、それだけ。

不動産の平面図も数枚ある。国立の店、高円寺の飲み屋横丁にあった二番目店、そして高円寺のあづま通り商店街にある今の店。それだけではなく、移転候補にしていた阿佐ヶ谷や吉祥寺の物件のものまで。写真も出てきた。ガランとした店の中に立ち、所在なげに見回している僕。始まりの一コマがそこには写っていた。お金がなかったので、ガスや水道などどうしても業者を頼む必要があるところ以外は、彼女と二人で内装をした。前にあった壁紙と床材をはがし、白いペンキで塗るとなんとなくお洒落な雰囲気になった。組立式の本棚を知り合いの業者から格安で譲ってもらい、これもクリーム色をつけた。組立、設置をする。ニューヨークにあるような、雑貨屋みたいな古本屋にしたかった。「これじゃまるで精神病院みたいだね」。彼女と二人で笑った。

失ったもの、捨て去ったもの、なくしたもの、全てがその箱に詰まっていた。

蟻二郎という文学者が開いた「WONDER LAND」という洋書の古書店に勤めて二年。そこが売り上げ不振で閉店することになり、深く考えもせず、自分で店を開こう、独立しようと決めた。開けばなんとかなるだろうと、なんの心配もせず、和書の古本屋修行もしなかった。当時、彼女が住んでいた国立市は、駅前の並木通りが気持ちよいうえに、山口瞳が描いた居酒屋兆治のモデルになったといわれている「文蔵」、その師匠筋の「まっちゃん」、駅から少し離れたところにある「柴さん」など、好物だったモツ焼きの名店もあり、店を閉めた後の楽しみもありそうに思えた。これくらいの理由で、これまたあまり深く考えず、立地調査や古本屋事情も調べもしないで、この地に古本の店を開こうと思った。

問題はお金だった。退職金もなく、貯金もなかった。家業を継がせようとしている両親から借りることは不可能だったし、店を開くほどの大金を融通してくれる知人友人もいなかった。どうしようと、この時になって初めて途方に暮れた。気を取り直すように、なんとなく本屋に足が向かう。そのころ出始めた、実話形式の雑誌の記事に眼が止まる。「フリーライターが国民金融公庫から三〇〇万円を借りるまで」。個人事業主や中小企業を対象にしている国民金融公庫は、通常フリーライターという職業は融資の対象外であるらしく、筆者は自宅開業の輸入雑貨代行業者と偽り、自家用車の購入資金を引き出すまでの顚末を事細かに書いていていた。融資を受けるにあたっての最大の難問は連帯保証人だとある。借金を返せないときには、保証人に返済義務が回ってくるのだから、なり手を見つけるのが相当容易でないのは理解できる。通常は親や親戚などに頼むのが筋なのだろうが……。

筆者は「連帯保証人代行業」というのを使い、この問題を乗り切ったと書いてある。融資額の数パーセントを支払うことで、誰の保証人にでもなってくれる、保証人代行業というのがあるのだとか。なかには手数料などの名目で金を引き出しそのまま いなくなる、という業者もいるらしく、その選び方というのが一苦労らしい。とにもかくにも、残された手段は多くない。この記事を天恵と勝手に受け取り、真似をして融資を引き出すしかない、と思い定めた。

まずはタブロイド版の夕刊紙を買いにコンビニに行き、三行広告に目を走らせる。「保証人受けます。ブラックOK」「住居、入学、就職、融資、どんな保証人でも大丈夫」「多重債務、自己破産、相談ください。融資引き出します」。

こんな文章のあとに、会社や個人名に電話番号が書いてある三行広告が一面全部にびっしりと載っていた。どれもが怪しく見える。

とりあえず、電話してみると「融資？　やってますよ。まず書類代に三万円。これは額には関係なく一律頂いてます。そして融資額の二割が礼金ね。出してもらう書類は、身分証明書、捺印してある白紙委任状、実家の住所が書いてある身上書。この三通です。手続きとしては……」。タバコを吹かしながら軽薄な口調でつらつらと話す若い男の姿が浮かんでくる。軽薄そうな嫌らしい口調。「また電話します」と電話を切る。

こんな電話を数回繰り返す。どれもかれもが怪しげで、借金の保証人を頼むような気にならなかった。いい加減飽きてきたが、そうもいかない。

「公庫ですか？　うーん、うちはあまり小額の融資はやってないんですが、おいくらでしょうか？　二〇〇万円で、開業資金ですか。業種は？　ええ、あ、古本屋さん。ああ、そうですか、本屋さんですか。いいですねえ……。通常はそういう金額ではお引き受けしないのですが、今回は例外ということで、お引き受けしてもいいですよ。一度会社に来てください。赤坂にありますから。詳しい話はそのときということで」

好感のもてる、信頼できる、しっかりとした話し方と声だった。本屋という職業に良い印象を持ってくれていそうなのも好ましい。がつがつしていない、余裕を感じた。「これは行けそうだ」と思った。善は急げと、赤坂の東急ホテル裏の事務所に、翌日、たずねていった。

雑居ビルの一角に、小さいけれどきちんとした、綺麗な空気が流れている近代的なオフィスで、とても夕刊紙に三行広告を出しているような会社とは思えなかった。入り口近くの人に来意を告げると、一番奥に座っていた男性が「ああ、昨日の方、狩野さんでしたね」と出てきて、隣にある応接室まで案内してくれた。

「うちは、最低でも一千万円からの融資の保証人しか紹介してないんですけど、親父が本屋やってたもので、なんとなく気になってお会いしてみようと思いまして……。いいですよ、ご紹介します。国金で二〇〇万ですよね。保証人の方は千葉で高校の教師をやっている方ですから、まず大丈夫でしょう」

誠実な銀行員という感じの男性は、それから融資を受けるためのテクニックを教えてくれた。保証人の先生とは神保町の以前の勤め先で知り合ったことにすること、そこで気に入られて借金の保証人になってくれるくらい関係を築けたというのは、公庫の担当者からも信頼される大きな要素の一つになるはずだ。

開業する場所の商工会議所にすぐ入会すること。店を開いていなくても加入はさせてくれる、そこの担当者に融資の相談をし、商工会経由で公庫に話を持っていってもらう。その場合、普段よりも融資が受けやすくなるだけではなく、利子の一部を負担してくれる場合などもある。自分がどういう古本を扱いたいのか、どういう店にしたいのか、ということを通常の申し込み用紙とは別に、文章にして担当者に持っていくこと。上手い下手ではなく、熱意が伝わるように書くこと。

担当者に会いに行くときにスーツを着ていかないこと。今日のようなカジュアルなジャケット姿がよい。君は妙にきちんとしているから、これでスーツを着ていくと、変に胡散臭くなると思う、少し崩すくらいがちょうど良い。

そんなレクチャーのあとに、少しくだけた口調で、自分の出身のある離島の思い出と、そこで父親がやっていた小さな新刊書店のことを話してくれた。

「小さな島に本屋が二件あったんだよ。教科書販売が出来なかった親父の店は苦戦してねえ、文房具売ったり、駄菓子を置いたり、最後は野菜まで扱ったなあ。何屋だかわかんないよ。それでも看板から『書店』の字は消さなかったなあ」

改めるように、事務的な口調で「では、連帯保証人の紹介申し込み用紙に記入してください。正確に嘘だけは書かないように」と一枚の紙を渡された。生年月日、名前、住所、それだけ書けばよい、やけに簡単な申し込み用紙だった。少しお待ちくださいと言いながら、それをもって隣の部屋に行った。二、三分で帰って来ると「狩野さん、福島のお生まれですか。お父さんの会社はお継ぎにならないのですか、業績も好調みたいなのに」と。

興信所の身元確認サービスなどを使って調べたのだろうが、そんなことを想像も出来ない当時は、引きつった顔で驚きを隠しようもなく震えていた。今までの親身さから一転した仕事人の冷たい顔。「逃げても無駄だよ、親元まで突き止めてるんだから」と……。背中に冷たいものが走った。

数年後、ニュースを見ていると、その時のおじさんが出ていた。銀行から融資を引き出すさいに、紹介料などの名目で多額の金を受け取っていたという、詐欺の容疑で逮捕されていた。一億円の融資の十五パーセント、一五〇〇万円を客に請求したのが詐欺にあたると警察は判断したようだ。僕のときも融資額二〇〇万円の十五パーセントを請求された。三〇万円の御礼を振り込んだのはそれから一ヵ月後、彼の助言にしたがって無事に国民金融公庫からの融資が受けられたその日だった。

国立駅からバスで十五分、停留所三つ目。徒歩で二〇分、直線距離でおよそ二キロ。さびれかける寸前、かろうじて数軒の商店が肩を寄せ合うように佇んでいる、小さな商店街に格安の物件が見つかった。八坪で家賃が九万円、なによりも敷金と礼金が一ヵ月づつというのが、最大の魅力だった。賃貸の集合住宅でも敷、礼金二ヵ月づつというのが、そのころの相場だった。

安い物件には理由がある。何より駅から遠い。国立から次の駅の立川とのほぼ中間なので、地の利が悪かった。郊外で、自家用車や自転車を利用している人が多いだろうとは思ったが、それも正確に調べたことではないので、あくまで希望的観測だった。そして内外装がぼろぼろで、引き渡すときはこのまま、大家さんは何もしない。壁紙は破れ、ガラスは黒ずみ、カーペットはところどころ剝がれ、外の看板は外れかけて、汚いというより危険な状態で、外壁の板もところどころ穴が空いていた。なまじ新建材を使った店舗なので、汚れ具合や寂れ具合が妙にさびしかった。無理を重ねた高度成長が朽ち果てかけているようだった。

店舗を見て躊躇《ちゅうちょ》している僕に、不動産屋がささやく。

「これ以上安い物件はありませんよ。国立は不動産の相場が高いし。こんな値段の敷礼、地方に行ってもないですよ。この前も、古着屋をやりたいというカップルが見に来たなあ。内装なんかは自分たちでするみたいですね、若い人は。問い合わせもそれなりに来てますよ」

手持ちの資金を考えると、店舗取得費は安ければ安い方が良い。「町の古本屋入門」にも「資金は本に掛けたほうが良い」と書いてあったはずだ。不動産屋への手数料を考えても、この物件なら百万円以上は残る。多少の場所の悪さは、内容でカバーできるだろう、問い合わせが来ているというのも気になる、先に借りられたらこんな安い物件は二度と出てこないだろう。数分の胸の中での逡巡の末に「借ります」と言っていた。

今だったらこの物件を借りることは絶対になかった。タイムマシンがあればこの時の僕を羽交い絞めにしてでも止めていると思う。何より住んでいる場所から遠すぎた。付き合っていた彼女は国立に住んでいたのだが、僕は杉並区の東高円寺に部屋があった。そこからこの店までの移動方法はというと、地下鉄・丸ノ内線で荻窪まで出て、そこから乗り換えて九つ目の駅・国立へ、てくてく歩いて店まで。時間にしておよそ一時間半もかかった。確実に僕の体力と気力を奪い、店をサボりがちにさせた。実際、なんどか家から国立駅に着いたその瞬間に「疲れたから帰ろう」と引き返したことがあった。素直に考えれば高円寺や阿佐ヶ谷など家から近い中央線沿線に店舗を探していただろう。それが気持ちの良い並木通りと、旨いもつ焼き屋のために国立に固執したのだから、非合理的というのを超えて、おかしかったという方が説明がつくかもしれない。

内装も外装も僕と彼女ですること意外は考えもせず、業者からは見積もりさえも取らなかった。大学生だった彼女はちょうど春休みで、毎日手伝いにきてくれた。というか、父親が左官職人、伯父が大工で、現場にも小さいころから手伝いに行っていた彼女が、門前の小僧よろしく改装を仕切り、僕が助手をしていたようなものだ。壁紙とカーペットを全て、三日かかって剝ぎ取った。薬剤を使って接着剤を溶かし、壁と床のベトベトを取り去り、合成洗剤で掃除をした。マスクを二枚重ねても、薬品と洗剤の臭いがしみてきて、気持ちが悪くなった。三〇分作業したら、窓を開け放ち三〇分休憩、そしてその間に換気をし、また作業の続きをした。内装作業の間も家賃はかかってくるので、焦りも出てきた。それでも、仕事のあとに、店の前にある酒屋から缶酎ハイと缶ビールを買ってきて、作業の進み具合を見ながら、酒を飲むのは何よりの楽しみだった。

「明日はハツリ（お好み焼のコテのようなもので汚れを取る作業）に入れるね。それが終わったらペンキ塗りが出来るから、そしたら内装ももうすぐだよ」

彼女は店を見回して、監督のように今日の作業の進み具合を確かめ、明日の仕事を二人で確認した。夜は彼女の家に泊めてもらい、早朝から仕事を始めた。

「ペンキは絶対に業務用が良いから」

という彼女の意見に従い、電話帳で調べて、一斗缶の白ペンキと、同じ量のクリーム色を買った。シンナーで薄めて、ローラーで塗っていく。基本的にがさつで好い加減な僕に気をつかい、「伸びがいいし、ムラになりにくいから、狩野クンでも大丈夫」。最初に床を、一日乾かして、それから壁、天井、サッシ、外壁。一週間かかって店を真っ白く塗ると、見違えるように綺麗になっていった。

その時に写した写真には、頭にタオルを被り、着古したシャツとズボンを作業着にした僕がペンキだらけになりながら嬉しそうに笑っている、おどけて刷毛を持って踊っているものもある。汚い物件がようやくと店の体をなしてきていた。本棚は知り合いから新品の組み立て式をもらった。紙を高圧で圧縮し、プラスチック並みの強度を持たせた、というのが売りの商品だったが、水に弱いという欠点が指摘され、商品回収の憂き目にあった。それをどこでどうしたものか、彼が大量に手に入れていて、「一晩飲ませてくれれば運んであげるし、タダで上げるよ」という言葉に甘えたのだ。

「水に弱いから、ペンキとか塗ってコーティングしてね」というアドバイスに従い、パーツごとにクリーム色で色をつけ、乾いたら組み立てた。とても紙で出来ているとは思えない、ぱっとみ立派で、頑丈そうな、なかなか可愛い本棚が出来上がった。高円寺に店を移すとき、この本棚を解体したのだが、ネジを外しパーツにして、少し力を入れると情けないほどに「くにゃ」と曲がってしまった。小さく折りたたみ、可燃ごみに出した。欠点は「水に弱い」だけではなく、「強度」にも問題があったのだろうと、そのときに思った。

本棚を並べ終えると、狭くはなったが引き締まり、店の中が精悍な面構えになったように思えた。

棚に何をどう並べるか、いよいよ店の総仕上げの段階に入った。古本だけを売るつもりはなかった。酒場と古本の組み合わせは、このころまだ頭にはなかったが、当時話題になっていた雑貨と新刊本の複合ショップ「ビレッジ・バンガード」の古書店版を目指していた。この店のことは永江朗さんが書いた『菊地君の本屋』で知った。旅行鞄や地球儀の横に『地球の歩き方』や外国の写真集が置いてあったり、チェコのキャラクター「チェブラーシカ」のヌイグルミが本を抱えているのが同国出身のアニメ作家ノイシュタインの作品集だったり。雑貨と本がお互いを刺激しあい、本とその横にあるグッズを手に取れば、そのまま街に世界に飛び出していけるような、わくわくする陳列がしてある、今までにはない、まったく新しい本屋だった。

古道具屋を回り、いろいろなものを仕入れてきた。革の鞄の中に絵葉書を詰めるように並べたり。戦前の狭山茶の美人ポスターや、昭和三〇年代のストリップポスターを外から見えるように下げた。戦前出ていた『ディ・ウオッシェ』というドイツのグラフ誌の横には、祖父が着ていた軍服とモデルガンを吊り下げ、『LIFE』の隣にはビンテージのジーンズを並べた。白い無機質な店に点描のようにどんどん色がついていき、その色の具合が異質で、おかしな怪しい様子を作っていった。物と物との組み合わせに相乗効果を生ませるには、繊細なセンスが必要だ。「ニューヨークにあるようなお洒落な雑貨屋件古本屋」という当初の目標とは大分ずれてきて、怪しげな方向に店を向わせるセンスだけはあった。

そんな、ある日、段ボール箱にいっぱい入ったLPを手に、大柄で白髪のおじさんが入ってきた。

「私はね、隣で『カラスの家』というスナックと電気屋をやってるものだけれどね。ああ、どうも、よろしくお願いします。隣で何かやってるなあと、まあ、ずーっと見てたけど、なんか、あんた、面白そうなこと起こしそうだね。応援しますよ。

これはうちにあったLPレコードだけど、一枚五〇〇円で下ろすから、売ってみなさいよ。これからはアナログの時代だから、レコードは売れますよ、あんた。私のところでは真空管アンプを作ってるんだけど、柔らかい音がでて、あれは絶対デジタルじゃ出ない音ですよ。まあまあ、じゃあ、がんばって。」

「カラスのおじさん」こと重松勲さんとの初めての出会いだった。おじさんは翌日も工具類を手に持ってやってきた。

「ちょっとね、アンプを置かせてくださいよ。スピーカーとか音響の設備はタダで私が設置しますから、宣伝を兼ねてアンプで音を鳴らさせてください」

と、僕の返事も聞かずに、スピーカーや配線類を次々に運んできて、「手前と奥に置いて、音に広がりだすから」と言いながら設置工事をしていった。ぼんやりとしたオレンジ色で光る真空管は温かで、デジタルではなしえない何かがありそうな気配に満ち溢れていた。レコードプレーヤーでジャズを流す。「フライ・ミー・トゥー・ザ・ムーン」をアニタ・オディが軽く飛ぶように歌っている。オーディオには詳しくないが、いい音だと思った。澄んでいて、伸びがあり、店の隅々まで音が響いている感じ。本のページ一枚づつに音が染みていきそうだった。いつのまにか缶ビールを手にしておじさんが戻ってきた。そのまま乾杯した。夕方になっていた。

「ジャズと古本はあいますよ。この変なガラクタと古本もあうけど。変な店が増えた方がいいんですよ。私のカラスの家も、嫌われ者のカラスが集まるように名前をつけましたからね。変な奴は嫌われますから。私も隣にこんな店が出来たので力強いですよ」

僕も隣にこんなおじさんがいるのは心強かった。おじさんとはその晩、とことん酒を酌み交わし、おじさんの横で、終戦直後に人妻と四国から駆け落ちした話や、ペニシリンを進駐軍の倉庫から失敬したヤバイ顛末、食い詰めてやった紙芝居とラーメンの屋台で大成功した話などを聞かせてもらった。

おじさんにはこれ以降、いろいろとお世話になった。店に酒場部門を併設した時には、一日五〇〇〇円というタダみたいな日当で工事をしてくた。電気やガス、水道という専門業者しか出来ない工事を、おじさんは全てこなすことが出来た。

バラエティー番組で国立市在住の俳優宇梶剛士が「入りたいけど入れない気になる店」としておじさんの「カラスの家」を紹介していた。その存在感は宇梶さんをもしのいでいて、まさに怪優だった。

ハジメちゃんも怪しげな雰囲気に誘われ、店に足を踏み込んでしまった一人だ。ポータブルLPプレーヤーで音楽を流しながら、ペンキ塗りをしていると、自転車に乗った七〇年代サイケデリックファッションの青年が店に入ってきて、「すみません、そのレコーダーは売り物ですか?」と聞いてきた。彼女の持ち物なので、その旨を告げると、「そうですか」とつぶやき、帰って行った。翌日もやってきて「ここは何屋なのですか?」と聞くので、古本と雑貨を売る店で、来週には開店します、と。

開店当日、早速やって来てくれて、文庫本数冊とアメリカンコミックを買っていってくれた。翌日も、その翌日も、そしてその……。何度も来てくれるうちに、口の重い彼も話してくれるようになった。山陰の出身で、一橋大学の商学部に在籍している。本当は東大に行きたかったのだが落ちてしまった。東京といえば六本木のような賑やかな「眠らない街」を想像して来たのだが、国立は田舎でがっかりした、店も飲み屋も早くに閉まる、こんな「眠る街」は嫌だ。それでも面白いところを探そうと、自転車で探索した結果、この店と少し離れたところにある「ニコニコ堂」という古道具屋にピンと来た……。

来る度に気を使って何かを買っていってくれるので、僕は悪いと思うようになり、「何も買わなくていいから、遊びに来てください」というと、それ以来、入り浸りになった。牛丼屋のバイトと寝る時間、それに最低限大学で授業を受ける以外は僕の店にいるという、通いの奉公人のような生活をするようになった。こちらもしなだれるように甘えて「ちょっと古本の買取にいくから店番してよ」と留守番を頼むようになって、合鍵までも渡すような関係になっていった。

後年、彼が明かしたのだが、あまりにも僕が店をさぼるので、先行きを憂慮した彼は、僕が休んだ日には合鍵を使い店を開け、勝手に営業をしてくれていたのだという。その日の売上げを金箱に入れて、そっと店を閉めて、僕には何も言わずにそんな日を続けてくれていた。「それは美談だね」と思わず言ったが、店の金が増えたのにも気が付かず、一〇代の学生にそこまで心配されて配慮され、つくづく情けない人間だったと改めて反省をしたものだった。

ハジメちゃんは、長さんというある高校の美術教師と、この店で出会い、雷の一撃のように美術に魅了され、経済系の大学を卒業したにもかかわらず、今では美術館で学芸員をして働いている。結婚をして、今年は父親になるそうだ。今年とは、つまり、二〇〇八年のこと。奥さんとは、何を隠そううちの店で知り合ったのだから、つくづく「コクテイル」と縁のある男なのだと思う。

以前勤めていた洋書屋の同僚もいろいろと助けてくれた。

川村さんは、その頃勤めていた根津の古本屋に話をしてくれ、時代小説や推理小説を大量に業者割引で譲ってくれるように話してくれた。それだけではなく、根津から国立まで、小さな自家用車で何度も往復して運んでくれた。トランクはもちろん、後部座席や僕の席の足元までぎっしり古本を積んで。あまりの重さに車のハンドルが取られ、蛇行したこともあった。腹の据わっている川村さんは「いやー、ディズニーランドみたいで面白かった」とあとで口にしたが、その横の僕は脇の下も背中も汗でぐっしょりとぬれていた。

森さんは、家族と自分の蔵書をわけてくれた。そのころ、人気絶頂の雑誌『サライ』数年分と数百冊の文庫本だ。棚に本を入れると、本が足りなくてすかすかの状態になり、どうでも良い本を面だし陳列していたので、筋の良い本を頂けたのは本当に嬉しかった。

川村さんはしばらくしてニューヨークへコスペルの勉強に行き、森さんもまたイギリスの大学に留学し、二〇〇〇年に「黒田晶」のペンネームで文藝賞を受賞した。今は作家として活躍している。もう一人の同僚が、一緒に店を作っていた彼女だった。後に結婚し、離婚することになるのだが。


いよいよ翌日開店という夜、棚に手持ちの本をすべて並べたのだが、まだ、棚がすかすかだった。本が足りないのだ。自分の蔵書は全部吐き出した。手放したくないものも、読んでいない本も、とにかく全部持ってきた。彼女の本も全て並べた。だが、棚三つはどうしても埋まらなかった。途方に暮れたが、とりあえず缶ビールを買ってきた。夜中の一〇時、二人でどうしようか、話した。彼女がぽつんと「明日ってさあ、資源ごみの日じゃない。国立って結構本捨ててあるよ。拾いに行こうか」と言った。

早速、台車を転がし夜の国立の街に出た。静かな街にがらがらと車輪の音が響く。碁盤目のように整理されたまっすぐな道路を、二人で本を探しながら歩く。本を見つけては喜び、台車に載せて店まで運んだ。文教地区だけに戦前の小説や、建築雑誌、洋書が山になって捨ててある家まであった。

「すごいね、さすがは国立だね。良い本が落ちてるね。自分の捨てた本が売られてたら、お客さんびっくりするかもね」

「でも、古本の拾い屋さんは、昔からある仕事だし。そういう人から本を買うのも古本屋としては普通だよ。大丈夫じゃない、お客さんから買いましたって言えば」

散りかけの桜がきれいな、風もないおだやかな春の夜だった。彼女と交代で台車を押して、息抜きにコンビニで缶ビールを買い、酔いながら歩き、本を拾った。まるできのこ狩のようだった。田舎の。

棚も埋まり、夜が明ける前には、彼女の部屋に帰ることが出来た。明けかけの夜空を見る。西の空はまだ光が届いてなく、黒よりも濃い蒼色だった。明ける前が一番暗くなるのは本当なんだとぼんやりと思い、自分の店の行く末を重ねて、今よりも悪くなることはないだろうと思った。明日は良い日だろうといいきかせた。

開店初日の売上げは六〇〇〇円だった。それからも伸びることはなく、月の売上げが二〇万円を越えるときはほとんどなかった。店の家賃八万円とアパートの家賃の六万円を払い、それで生活をしていたのだから、今から思えば不思議でならない。

自転車を転がして野菜の直売所で買出しをし、洋服は資源ごみの日に拾っていた。それでもハジメちゃんやその友人の渡名喜君、りんちゃん、ときにはカラスのおじさんも交ざって酒だけは毎日飲んでいた。近所に住んでいる美大生やフリーター、何もしていない人、普通の会社員などが夜な夜な集まってくるようになった。夜は飲み会だった。その金の出所はいまだによくわからない。今思い返しても、貧乏だったけど悲壮感はなかった。九〇年代末に国立でやった、僕なりの〝三丁目の夕日〟的生活は楽しいものだった。みな若く、希望だけは捨てるほどあったのだろう。

そんな窮状を察したみんなが、「ここに酒場も作ればいいんだ、そうすればコクテイルも儲かるだろう」と提案してくれた。「古本酒場コクテイル」が生まれた。一杯水割りが二〇〇円。儲からなかったけど、少しは生活が立て直り、服を拾うこともなくなった。飲食分門を増設するときはカラスのおじさんの全面的かつ献身的な手助けがあった。これがなければ今がないのだから、感謝をしてもしきれない。酒場が出来て、混沌の度合いはいっそう濃くなっていった。

ここに集まってくれた人達とはいまだに付き合いがあり、今の、この高円寺の店にもやって来てくれる。国立での開店から十年、大学生は社会人となり、女の子はお母さんになったり、店に顔を出してくれると、時の移ろいを楽しめて幸せだ。

Ⅲ　二〇〇〇年秋・高円寺に

この店から、何かを発信してみようと思った

国立では三年近く営業した。

酒場と店舗が一体になっているというのは、今では珍しくない形だが、その頃はまだ目新しく、雑誌だけではなく、テレビの取材までやってきたのだった。知名度は上がったが、売上げは増えることはなかった。旧式の火力発電所のように、煙だけもくもく出して目立ってはいたが、発熱量も少なく効率も悪かった。カウンターに座っているのはいつも同じ面々というのは温かく、やっていて楽なのだが、しだいにぬるく感じるようにもなってきた。このままやっていてもやれないことはないが、化《ば》けることはないだろう。それなら心機一転どっかに飛んでみようか、と思ったときに不動産屋に貼ってある、住居付き店舗の張り紙を見つけた。

高円寺駅北口から徒歩で二分、商店街の入り口のすぐ脇を入った横丁沿いにあった。一階の店舗部分は四坪、二階の住居は押入れ付きの六畳一間という物件だった。何より引かれたのは、駅から近いということ。国立では、駅から遠いというのがトラウマのようになりつつ

あったので、ここに食いついた。住んでいる東高円寺からも徒歩で通える距離で、深夜まで営業しても問題ない。そう思った。わずか一メートルにも満たない短いカウンター、その奥に畳二枚分の小上がり。カウンター内、厨房の後ろに階段があり、これを左曲がりで登ると二階に出る。この二階の小部屋を住居として使うのではなく、客用の座敷として使ったら面白くなるのではないかと思った。古びているので、茶室のような趣があり、冬に炬燵でも置けば、吉田健一が酒を飲んでいても様になるような、雰囲気があった。高円寺には都内に四カ所にある古書会館の一つ「西部古書会館」があり、月に三回業者向けの市場が開かれていた。一般のお客さんも入れる古書の即売会がほぼ毎週末開かれていて、僕もそれに出店していたので、なにかと都合が良かった。

問題はまたしてもお金だったが、国立の店を居ぬきで買ってくれるという人が出てきた。賃貸物件なので、店舗の売買ではなく、内装と外装の造作を含んだ営業権のようなものを買ってくれるという。店を引き継いでくれると、敷金もまるまる戻ってくるし、原状回復をする必要もないので助かる。高円寺の店舗を取得するには足りないが、それでもいくらかでも現金が入ってくるのはありがたかった。渡りに船と、その方に譲ることにし、足りない分は国民金融公庫から借金をした。二年間毎月三万円返していたので、今度は簡単に融資をしてくれた。

国立の最終営業日は賑やかだった。お客さんが大勢来てくれ、店に入りきれず、外にまで人が溢れかえった。普段よりも多く用意したつまみは早々になくなり、ビールやワインがなくなると、前にある酒屋に買いに行き、冷蔵庫に補充した。開店してから一番の売上げを、閉店の日に記録するのは皮肉なものだなと思ったが、そういうものだろうなとも思った。

深夜には酔いとノリが合い交じり、眠る街国立にはふさわしくない即興ライブまで始まった。常連の人たちは、ギターやサックス、トロンボーンまで持ち出し歌い踊った。カーニバルさながらの騒ぎになり、人はどんどん増えていった。それまで見たことのない人たちで、店の閉店パーティーというよりは、何がなんだかわからないけれど、とにかく「楽しそう騒いでおこう」という感じに見えた。最後は警察が出動する騒ぎにまでなった。警察官に絡んで何かが起きそうになったが、カラスのおじさんが間に入り、冷静なりんちゃんが警察官に丁寧に詫びを入れ、なんとか事なきを得てその日はお開きと成った。

後片付けをしていると「あんた、こんな街から出てった方がいいよ。帰ってきちゃ駄目だよ」と、カラスのおじさんが両手を僕の肩に置いて大声で言った。国立という、いい意味でも悪い意味でも、牧歌的なところが残っている街を離れるのは、そして、ようやく出来た仲間たちと別れるのは不安ではあったが、おじさんの、その一言が斧のように僕の躊躇を断ち切ってくれた。二〇〇〇年秋のことだった。

高円寺でも内装は業者を頼まなかった。彼女は大学を卒業し、勤めに出ていたので、手伝いを頼むことはできなかったが、国立からカラスのおじさんが大工道具を持ってわざわざ通ってくれた。居抜き店舗だったので、基本的な構造を変える必要も、その気もなく、本棚を作ったくらいの、簡単な大工仕事を一週間くらいしただけだった。

カウンター席の後ろと、小上がりに本棚を設置した。座ったお客さんは本を背にして酒を飲む。振り向けば酒の肴に好きな古本を抜いて読み、という感じはどうだろうか、と。国立の無国籍風カオスを離れ、今度の店は「和風」で行こうと考えていた。先輩の古書店主の辰書房さんが「俺は古本と酒の組み合わせなら、店の場所は谷中か根津あたりで、土間かタタキの渋い居酒屋に、上林暁の本が置いてあるっていうのはありだと思うんだよ」と言っていたのが頭に残っていた。

そこまで渋くなくても、和の雰囲気を残して、そのころブームの芽が出てきたブック・カフェと差別化を図ろうと思ったのだ。

開店前のチラシ、ショップ・カード、名刺、本の値札も、それまでのとは一新し、戦前の女性誌に出ていた割烹着姿の女性をモチーフにロゴを作り、店のパブリックイメージを統一した。面白い商品を置くことで、それが店の装飾品になり内装にもなる。そんな考えで、店の中を一九三〇年代の映画のポスターやノボリ、琺瑯《ほうろう》看板で飾り立てた。絵本や大判の写真雑誌、塗り絵や子供雑誌の付録に絵葉書、ちらしなど、本以外の古い「紙類」を置き、雑貨風に買ってもらえるようにした。棚にさした本も『夫婦生活』や『百万人の夜』などの古いエロ雑誌や、ブラック選書などの安っぽいホラー調の装丁がしてある探偵小説など、少し外したところの面白さを狙った。どことなく昔の駄菓子屋風の内装にしようと思ったのだ。

乾き物主体だったつまみも、高円寺の店では少し凝ってみようと思った。作家やエッセイストが書いた料理本や小説の中に出てくる料理を、アレンジを加えながら再現し、それを「文士料理」と名づけて出してみることにした。料理は好きだった。

壇一雄の『壇流クッキング』から「大正コロッケ」や「とんぽうろう」を。自身も居酒屋をやっていた詩人の草野新平『酒味酒菜』からは焼酎に季節の果物を次々と加えて味の変化を楽しむ果実酒「シンフォニー」など。武田百合子の『富士日記』は毎日の献立がそのまま載っているので、想像力を働かせて再現した。「ナスのにんにく炒め」は今でも定番で、若い妻と生活する泰淳の気持ちを考えると味わい深い一品だった。舞城王太郎や川上弘美といった作家の作品からも「文士料理」を選び出した。浦澤直樹の漫画『マスター・キートン』からは、ウイスキー風味で味付けをした「豚肉の唐揚げ」を。本を読みながら料理のことが出てくるとつい敏感に反応してしまう「スケベな読書」が続いた。

何をするにでもぎりぎりになってしまうので、今度も開店時間の間際まで、内装の仕上げやつまみの仕込みでばたばただった。開店時間の六時すぎたころ、見たこともない中年二人組みが扉を開けて入って来た。「そこの古本屋で聞いたんだ。こんど面白い店が出来たから行ってみなって」。一癖も二癖もありそうな二人は「俺たちが口開けじゃあまずいかなあ」とつぶやきながら、椅子の上に散らばっている買い物袋を横において座り「生ビールね」と一言。開店時間前で、しかも知らない二人組みがいきなり入って来たことに、僕は狼狽し、慌てふためき、カウンターの角に足を打ちつけてしまった（後で見てみると爪が割れていた）。国立では、来る客は知り合いばかり、たまに知らない人がやってきても、誰かの連れであったり。いってみれば「会員制」の店を続けていたようなものだった。それがいきなり知らない客が来たので、驚いてしまったのだ。今から思えば馬鹿を通り越して、ナイーブ過ぎる甘っちょろい話なのだが……。とりあえず生ビールをグラスに三つ注ぎ、お客さんに出した。一杯は自分用で一気飲みして、自分を落ち着かせようとした。

煮物を小鉢に入れて「お通しです」と置くと「チャージはいくらなの？」と聞かれた。前の店はお通しやチャージ料金をもらわずにやっていたのだが、僕の作った料理をとりあえず食べて欲しいという思いから、突き出しを出すことにしたのだった。だが、料金までは考えていなかった。「お通し代として三百円頂戴します。その他にチャージなどは頂いていませんと平然を装って言う。

「安いな。この界隈では一番安いんじゃねえか。酒もつまみも安い。店も狭まいのにやっていけるのか？」

自分の行きたいような店をやってみよう、という考えで品書きを作った。高い店にはしたくない、というのが頭にあった。ウイスキーとサワーは二五〇円、日本酒も八海山が一合五〇〇円、焼酎も徳利売りでそれなりのものを一合三五〇円から。生ビールだけはまともな値段だが、それでもジョッキーで五〇〇円だ。つまみはおしんこ、奴が一五〇円、大正コロッケが二個で三五〇円、ナスのにんにく炒めは三〇〇円、一番高いのがとんぽうろう四五〇円。

店の家賃、料理と酒の原価率、客の回転、そういうのを考えて値段を決めるという、普通の居酒屋のやることとはまったく逆の、これだったら安くていいだろうなあという値段を先に決めた。理想を先に置いて値段設定したのだ。しかし、理想というものがいかに高くつくものか、身にしみて教わっていくことになった。何度もへこたれ、投げ出しそうに、負けそうになり、店をサボり、酒に逃げ、嘆き、愚痴を言いながら店をやってきた。格好良く言ったのはいいが、格好悪いことの連続だった。

そんな開店の日、国立時代の常連が駆けつけてくれたり、古本屋仲間が連れ立って顔を出してくれたり、狭い店にハレの空気が充満して、酒とつまみを出すのにてんてこ舞いになり、忙しさの中で一日は終わった。

そんな日が数日続いた。だが、ぱたっと暇になった。今までの常連がちょうど一巡したのだった。

全裸の女性が煽情的に身をくねらせ、椅子に座っている姿の看板は、昭和三〇年代のストリップポスターを模写して、美大出身の友人に作ってもらったものだが、「この飲み屋横丁で、この看板は怪しすぎるよ」と知人に言われた。間抜けなエロのおかしさを狙ったつもりだったのだが、まったく理解してもらえないのは、毎日の客の入りを見ても明らかだった。たまに入ってくるお客さんも、恐る恐る扉を開けて「一杯いくらですか？」と思いっきり腰が引けた言い方で聞いてくる人がほとんどだった。中には扉を開けて、店の中を見回し、僕と目が合った瞬間に後ずさりをし、逃げるように去っていく客もいた。これはショックで、鏡をみながら笑顔の練習をしたものだ。

こんな閉塞状況に穴をあけてくれたのは、雑誌の取材といったマスコミだった。ブームになり始めたブック・カフェのさきがけのような扱いをしてもらったり、流行《はや》りだした昭和レトロ飲み屋として取り上げてもらったり、週刊誌月刊詩に紹介記事が載ると、それを見た人がぽつりぽつりと来てくれるようになった。

それでもハードルは高かったようで「三回通り過ぎてようやく入れました」とか「友達と連れ立ってじゃないと、帰ってこれないような気がして……」「雑誌に出ている値段は絶対嘘だと思って。三万円下ろしてから来ました」など、まるで怪奇スポットに来るようなのりのお客さんが多かった。

高円寺には「西部古書会館」があるので、古本屋の仲間がやってきてくれた。即売会が終わった後の打ち上げや、市場の後でふらりと寄ってくれたり。貸切で宴会もやってくれた。月に一回中央線の若手古本屋の勉強会「本大倶楽部」の会合も二階で定期的に開いてくれた。荻窪ささま書店の伊東さんに野村くん、音羽館の広瀬さん、水平書館の李さん、苔花堂書店の川守田さん、古書銀河の三宅さん、よみたやの澄田さんなど、中央線沿線の錚々たる若手古本屋が参加していた。店にやって来てくれる古本屋がいる一方で「絶対にあんなところには行かない」という人もいた。

店で古本を売る以外は、古書会館での即売会や、中野サンプラザの古本祭りなど、いわゆる「外売り」という売り方をやってきた。今でもそうだ。そこでは、規律や時間を守るなどの集団行動を求められ、ずぼらな僕はそこから平気ではみ出すので、快く思わない古書店主がいた。僕自身の駄目なキャラクターの問題や生意気な態度、ずば抜けて年が若い店主だったこと、そして飲み屋と本屋を両方やるという理解できない営業形態は、一定の人の感情を嫌悪から憎悪に昇華させるのに、それほど時間はかからなかった。目に見えるところや、それ以外で、嫌がらせ悪口いじわる、いろいろとされた。今ではもう昔話、と言いたいところだが、こう書いていて腹が立ってくる。ルサンチマンはまだ腹の底にはあるのだろう。つくづく僕は小さな男だな。

こんなことがあった。古書組合には副業禁止という規定があり、僕のやっていることは、それに抵触するのだった。もちろん、副業をしている人はいる、たぶん、大勢いる。それでも、マスコミに取り上げられ、僕のように大声でどうどうと副業を宣言しているのは少なかった。ある古本屋につつかれた。呼び出された喫茶店で「この問題を役員会で取り上げるしかない。嫌なら自主的に組合員を脱退してくれ」と冷たい声で言われた。僕は「わかりました、辞めます。ただし、作家と古本屋を兼業している人も役員会で取り上げてください。それが条件です」と負けずに言い返した。その瞬間の彼の青黒い顔は、今でも思い出すことが出来る。

平気な顔で過ごしてはいたが、思い返せばそれなりのストレスがあったのだろう、一時は高円寺の市場に足を踏み入れるのも嫌になったことがあった。それでもなんとかやっていけたのは、味方になってくれた古本屋がいたからだ。独楽書房さんは市場や道で行き会うたびに「頑張れよ。負けちゃ駄目だぞ」と肩に手を置き励ましてくれた。敵が多くても、味方がいればなんとか乗り切れていけるのだ。あれから十年、その独楽さんと酒を酌み交わしていたとき「コクちゃん、あんた勝ったね」とぽつりと言われた。言葉の勲章をもらったような、嬉しい一言だった。

ぽつぽつとだが、それでもお客さんが増えてきたころ、朝起きると店に行くのが嫌になった。死にたいような、消え入りたいような、そんな気持ちになったのだった。その日は午前中から酒を飲み始め、一日中グラスを放さずにケーブルテレビの時代劇専門チャンネルを見ていた。何を見ても悲しくなり、水戸黄門を見ては泣き、御家人斬九郎では号泣した。もともと人と話すのが得意な方ではない。小学校のときから、通信簿には常に「内気」と書かれていた。その僕が、毎日毎日やってくる見知らぬ人と、酔いで自分をごまかしながら話をしていたのだった。ストレスが澱のように溜って、ある日どうにもならない状態になったのだろう。

ウツかノイローゼか、とにかく少しオカシイ状態になっていた。彼女が勤めから帰って来ると、焼酎の一升瓶を横に置き、泣きながら時代劇を見ている僕を発見した。あとで聞いた話だが、その日はとりあえず酒を取り上げ、なだめすかして寝かしつけたそうだ。

翌日も気分は晴れず、前日と同じようにテレビを見ながら酒を飲み泣いて、それを彼女が見つけ……。こんな生活が三週間も続いた。胃は荒れ、固形物は受け付けなくなった。温かいものを食べると胃が焼けるように痛いので、レトルトのおかゆをそのまま食べた。少しでも食べないと胃が酒を受け付けないのだ。便は真っ黒い「タール便」のようになり、さらにはグレーのような白っぽいのになった。横で寝ている彼女が言うには、一週間は酒臭く、しだいに腐ったようなツーンとした臭いになり、三週間目に無臭になったそうだ。彼女もおかしくなり出した。塞ぎこむようになり、ある日、会社に行かなくなった。朝起きると二人そろって酒を飲み始め、テレビを見続ける毎日が始まった。生活は荒んだ。

店を開けることはなく、日銭が入らなくなった。彼女の給料も振り込まれなくなった。わずかな貯金はまたたくまになくなり、消費者金融に頼らざるを得なくなった。それでも酒を買い込み、残りのお金を生活費にあてた。電話、電気、ガス水道、公共料金を払わないと、その順番に止められた。家も店も、家賃は滞納した。お互い睨めっこをして、相手が先に立ち上がるのを待っているような、我慢比べの毎日だった。今思い返しても、これ以上に辛い時期はなかった。答えはわかりきっているのに、それが出来なかったのだ。

一本の電話が流れを変えた。「辰書房だけれど。しばらく店が開いてないようだけれど、何かあったのか？　来週の即売会のこと、わかっているのか？」。

僕が入っている古本の即売会「杉並書友会」は年に五回ある。そこで本棚四台分、およそ一〇〇〇冊の本に値札を貼って、棚に並べて売らなくてはいけないのだ。これは最低限の決まりで、余程のことがない限り止める事は出来ない。僕は、その日、銭湯に行ってサウナに入り、少しでも酒を抜こうとし、市場に向かった。酒屋とコンビニ、それと家の往復しかしていなかったから、電車に乗るのは久しぶりだった。店はまるまる二ヵ月休んでいた。

電話一本。この即売会に参加したお陰で生活を元にもどし、店も再開することが出来た。辰さんのこの電話がなかったらどうなっていたことか。

二ヵ月間の休みは、付き始めてくれたお客さんをほぼ全て逃すことになり、また一からのやり直し。賽の河原のような飲み屋稼業だった。新しいことをしてみよう、と決意した。古本を置いた飲み屋として営業するのではなく、ここから、この店から何かを投げてみよう、発信してみよう、そんなふうに考えた。

『彷書月刊』の取材で知り合った岡崎武志さんのトークイベントを開こうと思いついたのである。その旨、本人にお願いすると快諾してくれた。岡崎さんは、その取材以来、いろいろな人に「コクテイル」を紹介してくれるだけではなく、荻原魚雷さんや南陀楼綾繁さんたちを連れてきてくれたり。この頃から、今にいたるまで御世話になりっぱなしの、まさに恩人なのである。

四坪の店に、肩を寄せ合うようにして、一〇人のお客さんが無理をして入ってくれる。トークイベントの日だ。岡崎さんは、自分の生い立ちと、いつも隣り合っていた本の思い出を話し、その誠実な口調が聞くものの心を打った。良いトークショーだった。カウンターの中にいる僕もしんみりした。最後は愛用の「中島みゆきモデル」というギターを抱いての弾き語り。情感たっぷりの歌はその夜のしめにふさわしいものだった。後年「古本小説大賞」を受賞し、作家・エッセイストとなる石田千さんが、その夜に来ていた。やってみて面白かった。いろんなお客さんの様々な反応が、こちらの手ごたえとなり、店をやっていることの喜びになり、大袈裟に言えば、生きているという実感になった。

音楽ライブもやり始めた。奄美大島出身の福永康平君が島歌を歌った時には、それにあわせて奄美の郷土料理を出した。前野健太君のフォークライブでは、彼の好物ケチャップ味のナポリタンやオムライスを。イベントとメニューを組み合わせて、少しでもお客さんが食べ物を頼んでくれるよう一捻りしてみた。

それから数年後、福永君は河瀬直美監督の「萌えの朱雀」の主演に抜擢された。カンヌ映画祭に出品され、彼はレッドカーペットを大島紬の着物姿で颯爽と歩いていた。身近だった人間のそんな姿に少し驚き、そして羽ばたいていった彼を誇らしいと思った。

そのころになると、店は本好きの溜まり場になってきた。ライターの野村さんや、印刷会社に勤めていたいせちゃん、編集の仕事をしていると言いながらも毎日ぶらぶらしている金高君、詩のボクシングで優勝したイラストレーターの本田君、プロのフルート吹きの海治さん、高校生の時からセーラー服で店に来ていた文学少女の公家さん（オレンジジュースを飲んでいました）、ちょっと危険な裏稼業をしながらも詩の同人誌を出し続ける陳さん、根津から高円寺まで通って来てくれていた古本屋の寺田さん、などなど。こんな人々が夜ごと店に集い、本や映画や芝居などの話をしながら、桜が咲けば花見酒、雪が降れば雪見酒、台風がくれば暴風雨のときこそテキーラだと、盛り上がっていた。

ある日一人の紳士が店にやってきた。着ている洋服が一風変わっている。白麻のジャケットの中に古着のようなアロハシャツ、下は七分だけのズボンに茶と白のコンビの革靴。渋いのだが、妙に変。そしてその「変」がなんだか格好良い。

店の空気を変えながら、物怖じすることなく奥に入り、品書きをちらりとみると「シェリーください」。

しばらく店を見回して飲んでいると、隣に座っている海治さんのフルートケースに目が行き「それは、楽器ですか？」と声をかける。「そうです、フルートですよ」。

海治さんは、東京シティーフィルハーモニー管弦楽団に所属しているプロの音楽家である、僕がそう紹介すると、その紳士は目を輝かせて「ちょっと吹かしてくれませんか」と言った。オーケストラの本番でしか使わないその楽器は、海治さんがそれはそれは大事にしているものだ。ケースの中に奥さんの若いときの写真も置いてあり、言ってみれば家族のような、分身のような楽器なのだ。渋る海治さんも、その紳士の只者ではない雰囲気に呑まれたのか、しぶしぶケースを開いて「落とさないでね」と手渡した。

おぼつかない感じだが、それでも勘所を心得ているかのようで危なげなく構え、唇を拭き口に添えて楽器に息を拭き込む。「ボー」と低い音が店内に響き渡り、それからゆっくりとだが、正確に音を刻んで、童謡「さくらさくら」。海治さんが驚いた表情で見て、「どっかで習ったんですか？」。フルートは素人が遊びで手にしても、音を出すことさえままならない。照れたような笑いをうかべ、その紳士は「いい楽器ですね、ありがとう」と返すと、また一人悠々と自分の酒に帰っていった。この紳士が、『超隠居術』などで知られる随筆家の坂崎重盛さんだと知ったのは、それからしばらく経ったある日、嵐山光三郎さんと一緒に出ていたテレビ画面でだった。最初から人を食ったような紳士だった。

音羽館店主広瀬さんの紹介で、白州次郎を彷彿とさせるような、ちょっと日本人離れした目鼻立ちの渋い中年男性が、店に来た。

「堀と言います、プランナーの仕事をしているものです。しかし面白いですね、この店は。酒場と本屋という組み合わせは想像を越えてますね。甥っ子が宇都宮でビレッジ・バンガードをやってまして、それに自分もちょっと絡んでいるので、半分本業みたいなものなんですけど。とにかく本が好きでして。もう商売を超えて好きなんですよ。面白いお客さんも多そうなので、これからは通わせて頂きますのでよろしく」。

堀さんは、言葉どおりに翌日から、それこそほぼ毎日店にやって来てくれた。堀さんは、いつしか、この店の、いってみればサークルの顧問というか長老のように扱われるようになった。お客から敬意を払われ、大事にされた。プランナーの仕事のほうは、不況の風をもろに受け、調子は良くなさそうだったが、その分、好きな本と酒に集中できる時間が出来て、それはそれでうれしそうだった。自分の子供世代のお客さんと、年齢のギャップを刺激と感じ、楽しそうに話をしていた。

店の営業方針やイベントの内容などにもアドバイスをくれた。岡崎さんの何度目かのイベントでは、堀さんの「岡崎さんの蔵書や背取った本を棚に並べて『岡崎武志棚』を作ったら面白いですよ。書き手、かつ買い手が、売り手の方に回るっていうのはいいと思うんですが」という言葉を受けて、実際にやってみると好評だった。

買う人間が売る側に回るという発想は、いまでは年に二回根津で行われている「一箱古本市」や、いくつかの古書店や新刊書店が行っている「著名人の蔵書を売る棚」というものの先駆けだったと、今にして思う。

堀さん、閉店時間に「どうも、こんばんは」と入ってきて、そのまま閉店の時間まで飲んでくれるようになった。店を閉めると「狩野さん、帰る前に飲みにいきましょう」と遅くまでやってる居酒屋に行き、暇な夜には「もう誰も来ないから、飲みに行きましょうか」と途中でサボって飲みに行くようになった。年の離れた親友のように、二人で飲み歩いた。堀さんは若いころに芸能関係の仕事をしていたので、思い出話は、その芸能人の名前を聞いているだけでも華々しかったし、関係者だけしか知り得ない裏話も面白く、夜中の酒が明け方までなることも珍しくなかった。朝焼けを見ながら、朝の空気を吸って、ふらふらと自転車をこいで帰宅した。とことん飲んだのにもかかわらず、いつも、右手でハンドルを握り、左手には缶酎ハイをしっかり手に握り締め、途中で呷りながら走った。酩酊状態で帰ってきては、横で寝ている彼女を気にすることなく、倒れるように寝た。昼の生活をしている彼女との、すれちがいの日々が始まっていた。

いくら飲んでも大して酔わず、どこに酒が入っているのかわからないような堀さんが、少しのお酒でカウンターで居眠りをするようになったり、身体がふらつくようになった。「年だから仕方ないよ」と周りでは笑い話ですませていたのだが、いつもの席に座ってウイスキーを飲んでいた堀さんが、ある日を境にぱったりと来なくなってしまった。三、三日は禁酒でもしているのかと思っていたのだが、さすがに一週間近くにもなるとただ事ではないと思い、携帯電話や自宅に電話をしてみたが繋がらなかった。

店で仕込みをしていると、常連の野村さんから電話があった。「堀さんからさっき電話があってさあ、なんか入院したんだって。詳しいことは言ってなかったけど、入院したことを狩野さんに言うのがなんか照れくさいみたいで、俺から伝えてくれって。西荻の病院らしいから、明日にでも一緒に行こうよ」。

堀さんはベットの上であぐらをかき、熱心に美術展の図録を読んでいた。一週間会わなかっただけなのに、久しぶりな気がして懐かしくなった。スマートな体だったのに、肉が落ちて、痛々しいくらいに痩せていた。

「ああ、狩野さんに野村さん、よく来てくれました。誰にも病院に入ったことは言ってないんですが、お二人には連絡を取りたくて、野村さんの携帯に電話させていただきました。胃と肝臓がおかしくなったみたいなんです……まあ、飲み過ぎでしょうね。ここで立ち話もなんですから、ちょっと、そこの休憩室にでも行きましょう」

ベットに立てかけあった歩行器を手にして「こんなもの使うようになっちゃって」と照れた

ような笑みを浮かべ立ち上がった。

「ベットに寝て、一日中天井を眺めていると、どうも弱気になっちゃって。ここから出られないんじゃないかと思ったりもして。ちょっと狩野さんに言いたいことがあったので、連絡を取ったんですよ。

いや、店のことなんですけど、今、コクテイルはものすごく面白いところにいると思うんですよ。イベントや文士料理の展開、来てるお客さんのバラエティーを見ていると、たんなるブックカフェを越えていると思うんです。これから余計なことを言いますね、怒らないでくださ い。でもね、あそこの場所じゃ狩野さんが化《ば》けないと思うんです。場所も狭いし、あの路地と店構えはあまりにもお客さんを選びすぎる。優しい人に囲まれて、その人たちをギュっと捕まえて行く商売の方法もあります。でもあなたはそれをすべきじゃないと思う。このままじゃ、サザエの壺の奥に進んでいくようで、世界がどんどん狭く成っていくような気がします。

あそこを出なさい。あの場所から別な場所に行った方がいいです。お金だけじゃなく、いろいろと大変でしょう。僕は微力だからそんなに手助けは出来ないだろうけど、それを踏まえてこのことを言ってます」

一気に話をすると、完爾と笑って「生意気言ってごめんなさい」。

人が力を込めて、思いを込めて、何かを言う。言ってくれるというのは、こたえる。無鉄砲で誰の意見も聞かずに店をやってきた。裏を返せば、我がままで、誰の言うことも聞きたくなかった、ということだったと思う。この一言は胸にきた。

何も言えず、ただ頭を下げた。枯れ木のような堀さんが大きく見えた。

堀さんに言われる前から、移転か全面改装をするか、何かを変えようと、僕自身が悩み焦っていた。

引きこもりの果てに、今までと違うことをしようと動き、実際に手応えがあった。店の売り上げは「左団扇《ひだりうちわ》」には遠かったが、以前とは較べようがないほど延びていたし、常連も増えていた。イベントをやれば人は来てくれ、雑誌やテレビのマスコミにも取り上げてもらい、それを見たというお客さんがほんとうに全国からやって来てくれていた。それでも何かが物足りなかった。不満だった。何が足りないのか、何に不満なのかわからず、なによりもそのことに苛立っていた。その苛立ちを堀さんは冷静に見て、そして指摘してくれたのであった。

もっと大きくなりたかった。脱皮したかったと言ってもいい。路地にある小さな店で、こじんまりとやっていることに、物足りなさを感じ始めていたのだ。全面改装という小手先の変化をやめて、思い切って移転しようと、次の日から不動産屋まわりを始めた。

聖書の言葉ではないが、叩くと門は開き、求めれば与えられる、というのは案外と本当だと思う。

不動産屋まわりの初日、いい物件を見つけた。高円寺にはいくつもの商店街がある。ねじめ正一の小説で有名になった「純情通り商店街」や、日本一古着屋が密集し、休日ともなると全国からそれを目当てに客が押し寄せる「パル商店街」などが有名だ。高円寺の北口、駅を背にしてちょうど純情商店街の東側に、道幅がわずかに二メートルくらいの、小さなそして高円寺で一番名前を知られていない「あづま通り商店街」がある。地価や家賃が安いところは、人通りが少なく、商売をするには適しているとは言い難いが、そのぶん若者が店を始めるにはハードルが低いので、個性的で面白い店が集まっているのだ。

小さくお洒落なピザハウス、屋台感覚のモツ焼き屋、キッチュな本ばかり集めている古本屋、昔懐かしい貸本屋、みそ汁と煮魚が美味い定食屋、絵本に出てきそうな二階建てのカフェなど、時代をフリーズドライさせたような懐かしい店と、新しく参入した個性的な店とが混じり合い、独特の雰囲気を醸し出していた。その一角に元ラーメン屋だったという、広さが十坪という手頃な広さの空き物件があった。外装は前のままだが、中は以前の造作は取り払われ、ベニヤが無造作に張られた、壁だけの、味も素っ気もない空間が広がっていた。何もないというのは、自由で、そして無限だ。この空間を見ているだけで、創造を刺激された。

透明なアクリル板とガラスだけで作ったショーケースのようなカウンターを作り、その中に本を面出しで置いたらいいかも知れない。壁は白いタイル張りにして、昔の床屋の雰囲気を出したらどうだろう。コンクリートの床を引っ剝がし、床を土間にして、竈をつくってそこで煮炊きをし、照明は蠟燭で、和綴じの本や浮世絵を並べ、江戸時代にあったような居酒屋を再現してみるのはどうだろう。いやいや、もう少し創造の幅を広げてみようか。江戸幕府がそのまま近代を越え、今の時代まで続いたとしたら、西洋文明を明治とは違った形で吸収し、独自の和洋折衷を展開しただろう。そんな街にある居酒屋は、古くて新しく、懐かしい店構えに違いない。そんな店を作ったら面白いのではないだろうか。

次々と頭の中に店が立ち上がっては、消え、そしてまた形になっていく。

条件も手頃だった。六年後に取り壊しが決まっているので、保証金は一ヵ月分、礼金も数十万円。家賃に至っては、今の店の広さが倍になるというのに、金額が同じ。これなら多少の無理をすれば移転することが出来る。むくむくと湧き出た創造の雲が、やりようによっては現実のものになる。そう思うと、体の中から興奮してきて、何の不安もなくなってきた。これはもう天の啓司で、ここを借りないでどうするのかという気にさえなってきた。

「ここ借ります」。と不動産屋に言った。お金のことも、内外装の現実的な計画も、今の店の後始末も、何も考えず、とりあえずはなんとかなるだろうと、後先を考えず勢いで決めてしまった。今の店の退去通告もその日のうちに大家さんにした。通告の日から一ヵ月以内に出て行くという契約なので、本当に後には引けなくなった。

それからの一ヵ月は気もそぞろの営業だった。今の店を気にいってくれているお客さんは

「もったいないよ、今のままでいいじゃない」「移転したら店の雰囲気が薄くなるよ」と惜しんでくれたが、僕は次の店のことで頭がいっぱいで、未練が入り込む余地はなかった。勝手な奴なのだ。

最終営業日は黒い喪服を着て営業をした。店のお葬式、のつもりだった。さすがに最後の日は感慨深いものがあった。お葬式らしく、乾き物のおつまみと出前の寿司桶で、日本酒とビールを常連みんなと飲んだ。

退院した堀さんも、元気になって来てくれた。

「四年間営業してたけど、その間なんにち営業してたんだろう」

「本当に休みが多い店だったよね」

「閉まってるから近所の居酒屋に行ったら、狩野さんと堀さんが飲んでてさあ、何やってんだよと思ったよ」

「いちばん酔ってるのが店の亭主っていう日がよくあったよね。カウンターの中で寝てた時もあったでしょ」

みんなが口々に想い出を語ってくれる。最低の営業態度だったとしみじみと思った。店が存続できたと感心し、そんな僕に付き合ってくれた常連のみんなに感謝した。

「じゃあ、そろそろお葬式もお開きにして、次の店でぱーっと初七日をしましょう」と堀さんが言ってくれた。みんなには先に行ってもらい、僕は後かたづけをした。言い出しっぺの堀さんと、介添え役のような金田君が、僕に付き合って、店内で待っていてくれた。

洗い物を終え「それじゃあ」という感じで、僕もカウンターに座り、三人で献杯をして最後の締めの酒を飲んだ。三人とも言葉を交わさず、ただグラスを眺めて、ぼんやりと飲み終えた。堀さんが立ち上がり、しばらく店を見回すと、「本当に立ち去りがたし、だ」と目を赤くして、店への餞《はなむけ》の言葉をくれた。

IV

二〇〇四年冬・高円寺あづま通り

「あんたは若い。後悔するなよ」。棟梁のその言葉は忘れられない

なんの造作もない店舗で、昼の数時間、ただぼんやりとすごす。わずか十坪といえ、殺風景までにがらんとしていると、とてつもなく広く見えた。頭の中で浮かんだ形を、具体的に床に書き込んで空間を埋めていく。対話はしだいに深く、そして具体的になっていった。

照明がないので昼でも薄暗い、何もない空間で創造にふけりながら、ひとり母方の曾祖父のことを思い出していた。酒が好きで、酒で失敗し、飲み過ぎで脳梗塞になり死んでしまった彼のことは、直接会ったことがないのだが、小さな頃から気になっていた。濃い霧の中にある、誰にも語りたがらなかった戦前の中国大陸での生活。近所の川に高圧電流を流し、浮かんできた鰻や鯉を一網打尽にして、それを川魚屋に売り払っていた話。本が好きで、貸本屋で新しい本を借りてくると、仕事そっちのけで読みふけり、それを怒る曾祖母から隠れるため便所の中で読んでいたこと。戦中、酒が手に入らなくなると、郊外にあった陸軍の飛行場に忍び込み、航空燃料のアルコールを盗みだしては飲んでいたという話。捕まれば刑務所に入れられるだけではなく、家族全員が非国民呼ばわりされかねない時代だったのに、「ア

メリカの爆撃機が来ると、街の上空からいなくなるような飛行機に燃料なんて必要ない」と盗むのをやめなかったそうだ。戦前は大八車を製造し、満州にまで輸出していたが、戦後すぐの時期に「これからは自動車の時代だ」とモータリゼーションの到来を予測し、一階が自動車修理工場で二階は喫茶店という、画期的な組み合わせの店をやるために、国道沿いに土地まで確保したのだが、志半ばで死んでしまった。

酒と本が好きで、この二つを重ね合わせるような店を、僕がやっているのも、何かの因縁か、それとも小さい頃の刷り込みなのか。薄暗い空間で佇み、自分の新しい店の図面を床に刻みながら、そんなことを思っていた。

「あんたは若い。後悔するなよ」。棟梁のその言葉は忘れられない

自分で店の図面を下手を承知で描いてみた。直線は曲がり、曲線は歪んでいるが、なんとか作りたい店はわかるという程度のものが出来た。今度の工事は今までにない大がかりなものなので、友達の力を借りたとしても、彼女と二人ではやり切れないだろうと思い、知人が紹介してくれた工務店に図面を持ち込み、いくらかかるのか計算してもらった。数日後に出てきた見積もりは、内装工事だけで四〇〇万円。これに調理器具を買い、外装も手をいれるとなると、六〇〇万円を軽く超えることになる。驚きのあまり耳から煙りが出そうになった。ここまで現実と乖離したものを見せられると、すっぱりと諦めがついた。今度も自分でやるしかない。そう思った。

見積もりを見ながら参考にさせてもらう。飲食店の内装というのは、思いのほか金のかかるものだとよくわかった。内訳を見ると、いちばん大きなものは材料費だった。木材だけでも一五〇万円もする。そして人件費だ。職人さんの手当は高い。一日五万円とある。工事日程が二週間で、二人づつなので、これは大きい。材料費を安く抑え、専門的な人の力を借り、出来るだけ自分たちで作る。方針は決まった。

カラスのおじさんの顔も頭に浮かんだが、今度の工事は長期間に渡る。国立から通ってもらうには長すぎる。超人的なおじさんでも、いい年だしきついだろうと、声をかけるのは遠慮した。常連のいせちゃんが「シルバー人材センター」のことを教えてくれた。以前、着物をそこで仕立ててもらったことがあったという。「仕事も丁寧だし、安いよ。いろんな職種の人が登録していて、たしか、大工さんもいたと思うよ」。

電話をすると、ちょうど空いていた大工さんを紹介してもらった。大工などの専門職は仕事がたて込んでいて、予約待ちも珍しくないという。翌日、ハンチングをかぶった、粋な職人さん、という風情のお爺さんが来てくれた。僕の図面を見ると、

「これはね、オレ一人でやれる仕事じゃないな。まず、手伝いが一人いるな。あとは、板金屋にガス屋に水道屋、それに電気屋か。職人もこれだけ入ってもらわないとな。五年前に引退してから、これだけの工事は引き受けたことないからなあ。あんまり大きいのは受けるなって言われてるんだよ、センターの北條さんから。個人宅の本棚つくりとか、そんなのばっ

かりだ。俺だって飲食店はそうとう造ったんだよ。新宿のスカラ座って喫茶店あるだろ、あれは俺の仕事だよ。二階に上がる階段の手すりなんてぴしゃーっと綺麗に曲がってるから、こんど行ったら見てみな。しかし、ひさしぶりの大きな仕事だなあ……どうするか」

図面と現場を見くらべては「しかし大仕事だなあ、久しぶりだぞこんなのは」とぶつぶつ言いながら、胸からメジャーを出して寸法を測ったりしていく。そのうち「この図面借りてくは。一晩これとにらめっこして、仕事受けるかどうか考えさせてくれ」と帰っていった。

翌日、「かみさんも、久しぶりにいい仕事やってみたらって言ってるから、仕事を受けさせてもらうわ」と電話があった。六十歳を越えたぐらいか。声にはりがある。シルバー人材センターの規定の料金は一日一万円。これで長年仕事をしてきた熟練の大工さんが働いてくれるのだから、めちゃくちゃ安い。問題が一つ解決した。

古い木材を使いたいと思っていた。前の店のような、新建材に塗料を塗り、「古くささ」を演出するのではなく、古い木材を使って「本当の古さ」を出したかった。オヨヨ書林というネット古本屋から「ヤフーオークションにはなんでも売ってますよ。車とか家とかまでね。下手したら戦車とかも売ってるかもね」という話を聞いていた。サイトに接続し、試しに「古木」と入れて検索してみると、結構な数の木材が出品されている。

古民家を解体した現場から出た蔵戸や戸板、それに欄間などの廃材も出品されていて、入札している人も少なく、安く買えそうだった。蔵戸を入口に使えば重厚な雰囲気が出るだろうし、板戸を裏返せばカウンターになるんじゃないか。欄間も飾りに使えば面白くなりそうだ。いいアイデアにも思えた。大工さんに電話してみると「考えたもんだな。加工が面倒だから、俺が入る日数は増えて、手間賃はかさむけど、材料は安くな。見たわけじゃないから、断言はできないけど、造った物っていうのは、必ず壊すことも出来るもんなんだ。そして上手に壊せば素材に戻る。なんとかなるだろう。買ってみなよ、やってやるよ」と頼もしく言ってくれた。

翌日からパソコンにかじり付き、出品されている廃材を片っ端から入札した。予想通りに僕以外で欲しがる人はほとんどなく、戸板などは一枚三〇〇円で落札することができた。いちばん高かったのが蔵戸だが、これも五〇〇〇円程度だった。安く買えた戸板でも一枚一〇〇〇円前後の輸送費がかかったので、品物よりも運賃のほうが高くついた。数日すると梱包された廃材が次々に店に送られてきた。戸板は三重と佐賀と青森から。蔵戸は京都からで、欄間は富山から。あちこちの地方の古い廃材があわさり、東京の高円寺で店の素材にするというのは、姥すて山から老人を救ったようで気持ちがよかった。買った素材は、運賃も含めて五万円以下。工務店の見積もりが一五〇万円だったから、三〇分の一に押えることが出来た。

工事初日、朝の七時に大工さんは一升瓶を抱えてやってきた。部屋の四隅に酒を撒いて清め、手を合わせて工事の無事を祈る。

「あんたは施主だけど、働いているときはあくまで俺の手伝いだ、俺の指示に従ってくれよ。俺はあんたを名前で呼ぶが、あんたは俺を棟梁と呼べ。日曜と旗日は休みだ。あと、遅刻はするなよ。一ヵ月近くだが、よろしく頼むぞ」

いきなり、つるはしを渡されて、床のコンクリに穴を開けるようにと指示される。「腰入れろよ。自分の足に穴開けるなよ」。その日はカウンターの土台となる柱用の穴を四つ空け、そこに柱を入れコンクリートを流し込んだ。固いコンクリをうち続けて、両手には豆が出来、腰と腕にしびれがあった。風呂に入って、食事をすると酒も飲まずに寝てしまった。翌日は筋肉痛がやってきた。高校生以来の懐かしい感覚に、思わず笑ってしまった。六時起床で、朝食をきちんと取るというのも、本当に久しぶり。七時前に着いたが、棟梁はすでに仕事を始めていた。「板戸をさわってみたんだけど、昔の仕事だからしっかり造ってあって、ばらすのも一仕事だな。この蔵戸もなんの木だか固いんだ」。鉋で蔵戸の端をちょっと削って、臭いを嗅ぐと「檜か」。

前日の柱に、細い板を打ち付けると、なんとなくカウンターの形になる。助手としての呼吸もわかってきて、なにか言われる前に、棟梁が仕事をしやすいよう、鉋屑を箒ではいたり、手元をライトで照らす。棟梁からは「気が利く小僧だな」と小僧呼ばわりされながらも誉められた。日が昇ると仕事に行き、夕暮れと共に帰ってきて、食事をし、すこし晩酌をして、ころりと寝る。こんな日が続いた。深夜まで店に入り、終わると明け方まで酒を飲むという、少しまでの生活とは一変した堅気の日々。これはこれで悪くなかった。身体を動かすというのは、食事が美味しくなるということでもあった。

店はどんどん形になっていった。使う人間が造る現場にいるというのはいいことだ。厨房の内部は自分の背丈にあわせて造ってもらった。気になった部分はその場で変更してもらった。

何よりも自分が関わって形にしていくというのは、とても嬉しいことだった。棟梁の仕事ぶりを横で眺めているのも楽しかった。鉋をかけるのも、木を切るのも、釘を打つときのトンカチの音も、全てに迷いやためらいがなく、正しく確実で、プロの仕事というのは美しいものだと思った。土曜日に仕事が終わると、棟梁は飲みに誘ってくれるのだった。二人で銭湯に行き汗を流し、西荻窪にある棟梁行きつけの寿司屋に連れていってもらった。

「ここも俺が造ったんだ。上にあるあの棚あるだろ、互い違いの。あんな仕事はなかなか出来ねえぞ。茶室の勉強したから、あれだけのこと出来るんだ。まあ、店はゆっくり眺めろ。あんたも毎日慣れない仕事で疲れたろ、飲んで食べてくれ」。

瓶ビールを注いでくれ「適当に、美味いのじゃんじゃん出してよ」と店の大将に言う。瓶ビールが何本か空いて、握りと刺身を平らげ、日本酒になり、お新香がつまみに出るころに、寡黙な棟梁がぽつぽつと自分の事を話し始めた。

「本当はなあ、俺は茶室専門の大工になりたかったんだよ。神社仏閣の宮大工は遠い夢だったけど、その次ぐらいが茶室をやる大工でなあ、京都に行って修行しないとなれないんだ。二十歳の時にその時の親方から、京都行きたいなら紹介してやるぞって言われたんだけど、かみさんになる女と離れたくなくてなあ……断っちゃったんだ。それから、すぐ結婚して、娘が生まれて、今は孫もいて幸せだけど、あの時に京都行ってたらどうなったいたんだろうって、いまだに思うよ。あんたは若いんだ、後悔だけはするなよ」

ごちそうになった。もう一軒やっていくという棟梁と別れ、夜の道を歩いて帰る。若いと言ってももう三十の半ばだ。「後悔するなよ」という言葉が消えない。

正月、田舎に帰ったときに同級生から「狩野はいいよな、子供もいなくて金はかからないし、自営業だから嫌な上司もいないし、自由だろう。おまけに好きなことやって生きててさあ」と言われた。

「働いても金にならないどころか、損をする日があるんだぞ。身体を壊せばその日から日銭が入らなくなり無収入になるんだ。おまけに自分のやっていることが〝本当に好きかどうか〟。そのことにいまだ答えが出ないんだ。そんなに自由がいいなら、お前も会社やめて自営になれよ。だいたい自由ってなんだよ」。

そんな言葉を飲み込んで、へらへら笑って水割りを飲んでいた。こんな青いグチが頭に浮かぶのだから、若いのかも知れない。いや、幼い、か。

　通り沿いにあるブックオフのアルバイト募集広告に目がいった。「年齢制限三十才まで」。おもわずがっかりした自分を嘲りながら夜道を歩きはじめる。


　渋い店が出来上がった。蔵戸を三枚使った外装は、重厚でちょっと入りにくいような高級感さえ出た。入ってすぐの左右両側に二メートルほどの本棚を作った。棚の後ろに照明を設置して、後ろから古本をぼんやりと照らす。右の棚の前には囲炉裏を置き、そこで炭を炊いた。ぼんやりと赤い炭火は外から見ても温かで、店の雰囲気を柔らかく優しくした。火の上でちんちんなりながら湯気を出している鉄瓶もいい感じだった。

　板戸を裏がえして造ったカウンターはコの字型で、店の中央だ。真ん中で僕が動けば、どの席にもサービスができるし、昔ながらの居酒屋にこの形が多いのも理由の一つだと思った。カウンターを囲むようにぐるりと壁面に棚を設置し、本を面出しで置けるようにした。席に座れば前にも後ろにも本の表紙がある、まさに本に囲まれて酒が飲める。

　棟梁の仕事はここで終わったが、店として営業するにはまだまだやることがあった。スケジュールはぎりぎりだった、工事中も家賃は発生している。このあとは、自分たちで土壁を塗り、備品や調理器具をそろえ、棚に入れる本を市場に行って仕入れ、つまみの試作をして、出来れば世話になった人たちを呼んで試食会という名のパーティーを開き、最後に隅々まで丁寧に掃除をして開店をしたかった。

しかし、見通しの悪さと、生来のだらしのない性格が禍したのだろう。予定していたことはほとんど出来ず、開店当日になっても、豚の角煮をコンロで煮ながら、土壁を塗って、常連さんに備品を買いに行ってもらい、友人の古書店主には棚に本を詰めてもらうような、ばたばたの幕開けとなってしまった。ここでの開店日は、野村さんの奥さんに占ってもらい決めた。以前、彼女に四柱推命で占ってもらったところ、三十歳半ばから六十五歳まで三十年以上は幸せな日々が続く、という結果を告げられた。あまたの人を占ったが、僕ほど幸運な運命の人を見たことがない、とまで言われた。信ずるものこそ救われる。開店の日は四月二九日に決めた。開店までのばたばたは店を開けると同時に、ばたばたばたばたばたばたとい う、風速四十メートル以上の風に吹かれているような、もみくちゃな忙しさになった。蔵戸の外観が目を引いたのだろうか。工事中から店の存在を気にしてくれていた人は多かった。

「何が出来るんですか?」

よく聞かれた。三〇〇枚作ったショップカードが、開店前日には一枚もなくなっていた。それなりの手応えを感じてはいたが、開店して十分もたたないうちに、初めてのお客さんで満席になるとは思ってもみなかった。ひたすら酒を作り、つまみをこしらえ、お客さんに出す。

「いーお店ですね」「何が出来るかって話をしていたんですよ」「すみません、ビールもう一本」「大正コロッケ頼んだんですけど」「だいこんやさんから花が届いたって」

精一杯愛想よく会話を交わしながら、カウンターの中を闘魚のように泳ぎ回った。注文は伝票につける暇もなく、頭の中にたたき込む。この時とばかり脳は高速回転した。注文された料理と酒を把握し、順番と手順を考え、最短最速、そしてもっとも手際よく順々に出すことが出来た。

お客さんが帰り、洗い物を下げ、カウンターを拭くと、すぐお客さんが来る。波のように、引いては寄せ寄せては引き。時間の感覚がなくなってくる。そのうちに頭の中でドラムのような「ずん、ずん、ずん」という低温のリズムが響いてくる。しばらくすると、その音に合わせるように身体が動き、なぜかわからないが楽しくなってきた。中華鍋をかつかつならし、炎を上げながら青菜を炒める。グラスに氷と焼酎を入れ、カットレモンを絞りソーダを注ぐ。大正コロッケの種をぱちんぱちんと空気を抜きながら両手でころがし、熱くなった油に入れ揚げる。グリルでは、そろそろ赤魚の糟付けが焼けるころだ。烏賊のスペイン風炒めが売り切れた。角煮は玉子だけ食べても美味しいですよ。カウンター右奥のお客さんにバイスサワーで、左の方は本日の日本酒の冷やを、今日は「加賀鳶」です。そう声をかける。

楽しそうに会話を楽しみ、飲んで食べている。熱気に溢れて、店が揺れているようだ。僕もふらふらだが気持ちいい。

店の扉は開けたまま。常連さんは遠慮して、いつものように外で飲んでくれている。棟梁

「あんたは若い。後悔するなよ」。棟梁のその言葉は忘れられない

がめずらしくワインを飲んでいる。話している相手は堀さんだ、杖を付いているが元気そう。たかちゃんも一升瓶を下げて来てくれた、子供がいるのにありがとう、だ。マエケンと本田君はギターを持ってきてくれている。ハジメちゃんりんちゃんに渡名喜君、国立の「コクテイル」以来の三人組も揃っている。隣にいるのはカラスのおじさんだ、いまの店でもおじさんの作ったアンプから矢野顕子の歌声が流れてる。金高君はワインをラッパ飲みしている、相変わらず馬鹿な奴だ。前の店の常連たち、いせちゃんも、公家さんも、野村さんも、笑いながら飲んでいる。みんなみんな笑いながら飲んでいる。

V

中央線・古本屋のひと

刻刻拾聞録

悠山社書店　橋本さん

寒さが残っている。それでも皐月三月は春だろうと、洒落物でもないのに背伸びをして、ジャケットの上に薄手のコートを羽織るだけでアパートを出た。高円寺から西へ一時間。JR青梅駅のホームに下りた途端に風が襟の隙間から身体をなでる。梅の花でも見られるかと期待していたのだが、蕾はまだまだ固く、春を拒むかのようにしっかりと閉じていた。

「腹に一物、背に荷物」。人はいつから厄介ごとを抱え、己の利を通そうと狡知《こうち》に生きるようになるのだろう。知人の三歳になる子を見ていると、そんな年頃からそんな傾向が垣間見えるから、生まれた時どころか、腹の中にいる頃からそんなものを抱えているのかもしれない。そんなやっかいな己を抱える人間どうしが出会い、仕事をしたり、色恋の道に進んだり、徒党を組んで他所の国を攻めたり攻められたり。人と人が出会うというのは、厄介が重なり絡まるということだろう。それでも人は人と出会う。更なる面倒を抱えるのを承知で、なぜだろう。東京のはるか西へ向う電車の中でのそんな自問自答をいきなりぶつけると、

「それはね、他者を発見することでしか自分を見つけられないんだよ。それが自由になるということでもあるんだな。近代の自由というのは、他者のリスクを取らないことで自由になろうとしていたじゃない。そうじゃないんだよ。そういう意味ではものすごい面倒なことの中にこそ自由があるっていうことでもあるんだ」

大正時代の建物をそのまま使っているというとんかつ屋の座敷で、串カツに冷奴を肴に焼酎のお湯割り。先生の講義を傾聴するように話を聞く。打てば響くというのをはるかに超えて、山彦がどこまでも木霊するように、問いに関しての答えは遠く深い。

「大分の別府の出身。別府温泉って知らない？　家にも温泉があってさ、毎朝、湯に入って学校に行ってた。源泉でね。温泉権というのがあって、たしか五、六軒の家がもってたんじゃないかな。大分県人の歩いたあとはペンペン草も生えないって言われてるんだ。九州の中でも得意な土地って言われててさ。

宇佐八幡宮って神社があるんだよ。全国の八幡さまの総本社なんだけど。これのルーツがよく分からないし、歴史上の動きも怪しいんだよ。弓削の道鏡が皇位につこうとしたとき、和気清麿呂がここに神託をもらいに来て阻止したり。裏でなんか画策してたんじゃないかな。俺も詳しく調べてないから良くわかんないけど。天孫降臨の地と言われている宮崎が隣にあるだろ。騎馬民族だった天皇が渡来したかもしれない土地だよな。そういう大きな勢力の隣にあって、いろいろと巧妙に立ち回って来たというのが県民性に関係あるんじゃないかな。有名な大分県人？　福沢諭吉とかいろいろいるよ。最近では経団連の御手洗とかかな。みっともない人間が多いんだよ」

西部事業部で二期四年、一緒に仕事をした。十人にみたない数少ない経営員。その中で事業部長よりも年上の悠山社の橋本直次郎さんは、たんなる一事業部員という立場を超えた、ご意見番のような存在だった。それでも若手と同じように身体を使い汗をかき、それを心地よく感じているようだった。威張る、などという自己を肥大して見るという行為とは無縁な人だ。揉め事があると静かに助言をし、波を穏やかにした。

「父方の祖父は馬車曳きだったんだよ。いきなり満州に行ったりするような人だったらしんだけど。帰ってきてから大分で米屋やってたんだ。年からしたら満州に行ったのは明治か大正だったろうな。アル中でさ、眼底出血になって死んだんだよ。

母方の祖父はね、姫島って小さな島があるんだけど、そこの出身でさ。そこから明治の中ごろかな、一橋大学の前進の東京商科大学に行ったんだよ。この国の資本主義がようやく始まったころで、じいさんも横浜で工場やってたんだ。でも大正大震災で焼けちゃって。東京でも朝鮮人の虐殺があったろう、同じように横浜でもあって、工場にも職工にそういう人が大勢いたんだけど、うちのじいさんは匿ったらしいんだよな。

特別なことじゃないと思うんだよ。その頃ってさ、いろいろな、本当に多様な意見がくっきりとあったんじゃないかな。今ははっきりとした主張が翼賛的になるじゃない。あの頃はそういうのじゃなかったと思うんだ。面白いのが、一族に商売人が大勢いるのに全員大成してないんだよな。俺もそうだし。今じゃあ貧乏に慣れてるというか、なんか自分で選んで貧乏になっているみたいなところさえあるから」

お金にきれいな人だと思っている。失礼ながら、お金があるようにはとても見えないのだが、金にたいする執着が薄く見える。古本の買い物も一人で抱え込まず、仲間と組んでいき、利益を他人と分けあっていた。平気で損をしているように見えた。この「損」をそのままの意味で書くと「コクテイル、君はまだわかっていない、そもそも損というのはね……」と諭されそうなのだが……。商売の目的は「理」なのだろうかと、橋本さんの商いへの姿勢を見ていると疑問をもつ。己のしていることの根本を揺さぶられるような気持ちになる。全ての行為の目的とはなんだろう。過程の中にこそ全てがあるのではないだろうか。

「帳簿ってあるだろう。これは凄い面白いんだ。人間の経済活動の記述というのが帳簿で、これは経済活動そのものよりはるかに重要だよ。パチョリが複式簿記を考えたんだけど、これは革命的なことなんだ。経済活動は貸借である、としたんだよ。日本の大福帳もそうなんだけど、売り買いの記述を付けているんだよ、複式簿記はそうじゃなくて、これを貸し借りとしたことで、資本の意味合いがこの時に芽生えたんじゃないかと思うんだ。これもまあ思いつきだけどさあ。古本屋って原初的な商人に似てるんだ。基本的には世界に一つしかないものを、己の才覚だけで売り買いをするっていうのは、大航海時代の商人とほとんど同じなんだよ」

「無一物、之無尽蔵」という言葉を思い出す。成功のイメージ富の蓄積を回避し、己を裸に近い状態にして交換という商行為を続ける。インターネットという海を渡り、世界に本を売り歩く。裸は何よりも強く、そして面白く、何より自由なのだ。

「高校？　もういいんじゃない、そういう話は。そう……駄目……。鶴高っていってさ、ものすごい管理教育の学校にいってたんだよ。当時、そういう教育に対する批判記事が、学校名入りで『毎日新聞』に載って問題になったんだけど、それさえも自慢するような学校でさ。美術部に入ってたんだよ。まあ、うっくつした高校生だったんじゃない。〝うらなり〟みたいなもんだよ。いわゆる劣等性だな。温泉でふやけた生活してたから。

大学は国立しか受けなかった。家に金がなかったから。親父が小五の時に死んだんだよ、結核で。その前もずーっと寝たきりでさ。台湾銀行に勤めてたんだよ、植民地支配の尖兵として。身体が弱くてそこをやめて、国内をうろついていたんだけど、結局実家に帰って寝たきりになって。お袋が和裁の内職だけでわれわれ兄弟を食わしてくれたんだよ。大学落ちて、いきなり東京行ったんだ、なんの伝手《つて》もなかったけど。同じように大学落ちた友達三人と高田馬場の鶴巻町でアパート借りて住み始めて。六畳一間に男三人だよ。最初は新宿で映画見るだけでも『すごいな東京は』なんて思ってたんだけど、隣の早稲田大学の学生運動がものすごくて、毎日見に行ってたよ。門の前に机を出してみんなでいろいろ議論してたりアジ演説してたり、時代の雰囲気だよなあ。カオスの中の輝きだったね。その中でも有名人がいてさあ、大口なんて人は卵を剝いたような清々しいカリスマを持ってた人だったな。そして絶対にヒトラーになるような人じゃないんだよ」

浪人時代ならぬ「学生運動見物」の結果にもかかわらず、翌年京都大学に入学する。同居していた友人は二人とも落ちたが、本人だけ「なんとなく、運が良くて受かった」。

「学部？　学生運動部かな。本当だって勉強なんて全然してなかったから。紙に判子押してもらったら単位もらえたんだから。毎日棒ばっかり振ってたよ。セクト？　入ってない、寄り集まるのが嫌だから一人で騒いでた。ヘルメットにもRってだけ書いてたんだ。その頃住んでた寮のRで。大学は目一杯いたよ、六年か七年はいたんじゃない。最後は『どうか卒業してください』って追い出されるようにされたから。それから一年間高校の先生をやったんだよ、兵庫で。いろいろあってね、関西ってこっちじゃ考えられないくらいにいろいろな問題があって……。

ビル・エヴァンスがジャズピアノを弾き出した頃って、ほとんどのジャズのピアニストは黒人だったんだよ。その頃の彼はものすごく大変だったと思うんだよな。ジャズは黒人の抑圧された感情からしか表現されないと言われてた時代だから、白人っていうだけで認められてなかったし、ビル・エヴァンス自身も今までの黒人と同じようなピアノを弾いていてもしょうがないし、とにかく大変だったと思うんだ。そんな感じになってさ……。一年で逃げるように東京に来たんだ。兄弟も友達もいたけど、こっちは自殺でもしようかって心境で東京来たから、とても頼れないし頼りたくもなかった。それで浅草のキャバレーで住み込みのボーイの仕事についてさ。新世界って名前だったな。山口組が仕切ってた店で、寮なんて言ってもタコ部屋だよ。仕事終わって帰ってくるとシンナー吸ってる奴が一杯いるような。話といえば自分の悪さ自慢で、何かって言うとすぐ喧嘩だし。

店はね、とにかく女の人の地位が高いんだよ。ボーイが最低の生活から抜け出す唯一の道は、女の人に拾ってもらうことなんだよ。男女の仲にならなくてもいいんだ、とにかく可愛がってもらうようになること。そうすると食い物がもらえるんだよ。客の伝票で天丼頼んでくれたりして。食べ残しも勝手に食ったら怒られるんだから。厨房の奴が残飯の仕切りまでやっていて、ああいうところは刃物持ってる奴は強いからな。とにかく最低の場所だったよ。働いて給料出るだろ、寮費と食費を差し引かれたら、残りは本当にまったくなくなるんだ。上手く出来たシステムだよ。ここにいてもしょうがないなあと思って、その頃出来はじめた時間制のキャバレーハワイに面接に行ってさ。

そこはすごいきっちりとしたところで、店長やってるやつがみんな高学歴なんだよ、早稲田とか慶応とか出てて、前職が伊藤忠商事です、なんて人ばっかりで、そいつらは一攫千金で働いてたんだな。そこは店員教育もきっちりした、無頼にはつとまらない店だよ。武道館を借り切って全国大会とか開いて、ほとんど宗教だったけど。金儲けする集団って本当に宗教じみてくるよなあ。そこで半年働いて、三、四〇万溜めて、それでなんか憑き物も落ちたようだし、友達に連絡して本屋を紹介してもらったんだ」

タカちゃんの話になった。橋本さんと、僕とは仲がよかった。本が、古本が好きで、古本屋が好きで、古本屋の主人と結婚したタカちゃん。旦那が引きこもりになると、産まれた子供を背おいながら、即売会の本を詰めていた。息抜きで酒を飲んで帰ると、叱られた末に家の外に追い出され、翌日はだしで会場に来ていた。それでも「私は彼を愛しているの」と言い続け。店をたたむと、姑小姑がいる彼の実家に帰っていった。

「やっぱもの凄いよな。どう考えても上手くいかないという方へ平気で飛び込んでいけるじゃない。理屈じゃないんだけど、その先にある幸福がわかってて、見据えながら歩いてんだよな。そんなのあるのかどうか分からないよ、本当のところは。だけど、あの娘は、すごいよ。しかし古本屋っていろんな奴がいるよなあ。古書組合入ってよかったよ。そうじゃなきゃ出会えなかった人がいっぱいいるから」

縺れ絡まった糸のような関係を抱えて青梅に来た。インタビューのはずが人生相談のようになり、橋本さんの後半生は聞けず仕舞い。僕より三〇近く歳上だ。父の世代か。夕方から始まって終電までたっぷり七時間も話したのに。インテリを越えたインテリヤクザの橋本さんは、任も俠もある懐深い大人だった。梅の花は見られなかったけど、満開の桜の季節に文章を書き終えた。目黒川沿いの桜を見上げると、全てを許したくなるような優しい気持ちになった。「他人の中に自由を見ろ」という橋本さんの言葉がしっかり埋まっている。一緒に生きていこう。

島木書店　鈴木さん

床に座布団を敷き、売上げの札を読んでいく。「百円なりー、五百円なり、大きく一万五千円なりー」。両隣では真剣な顔で、大きなそろばんをぱちぱち弾いて売上げを計算している。古ぼけた東京は高円寺、西部会館の棚には戦前の、いわゆる「黒っぽい本」が並び、中には和本も置いてある。この二十一世紀になんというアナログな風景だ。「江戸か！」と突っ込みの一つも入れたくなる。その時代錯誤の真ん中に、もくもくと仕事をしている島木書店の鈴木誠一郎さんがいる。そろばんを弾き、本の山を名人芸のように包み紐掛けをする。古臭い顔立ちで真剣に仕事をする様は、御一新後に刀を捨て商家の番頭をしている古武士のようにも見える。

気持ちがささくれ立ったり、水に濡れたような湿った心持ちになったり、どうにもやりきれないときなど、家にこもって朝から藤沢周平や山本周五郎の短編小説を読むことにしている。藩の内紛に巻き込まれ、上司の思惑に翻弄される下級武士。剣の腕は達人なのだが、不器用ゆえになかなか仕官が決まらない剣術家。貧しく生まれながらも、日々の小さな幸せを見つけ生きていく町人。大きなものに流されながらも、必死で生きていく人間の小さな明りが、どの物語にも灯っている。こんな人間がいるから、こんな生き方があったから、また歩いていこうと思える。精神の日向ぼっこをし、英気を養って、明日を生きるのだ。

善良だけど、不器用で、商売が下手だけど、捨て鉢にならず、その日その日を真面目に生きている、そんな島木さんの生きざまと、これら時代小説に登場する人間は少し似ていると思っている。ラーメンで有名な福島は喜多方市の側、熱塩加納村で島木さんは生まれ育った。

小さい頃から本が好きで、近所の公民館で本を借りては読んでいたそうだ。

「全然勉強はしてなかったね。学校行っても遊んでばっかり。中学を卒業すると同時に集団就職で東京に来たの、新本屋に勤めにね。勤め先は先生が勝手に決めたんだよ。僕には選択肢がなかったんだ」

上京前に友人何人かと、近所の丘のような小高い山に登った。いちめん春先の硬雪に覆われ、これから出て行く故郷は、まるで光っているようだった。目の前には会津磐梯山が、東には日光連峰の山並みが遠くまでくっきりと見えた。

「あの景色は今でも忘れられないくらいに綺麗だったよ」

ちょっと寂しげに呟き、タバコをひと吹かし。遠くを見るような目をして、ウイスキーの水割りを一口飲んだ。悠山社の橋本さんの二、三歳年下かしら。上野から新宿の職安前まで先生に引率してもらい、そこで勤め先の店主を紹介された。長い汽車の旅も終わったが、友人ともお別れだった。

「人買いに引き渡されたみたいだよね」

昭和三十一年の東京。戦争が終わってまだ一一年。東京タワーも建ってなく、オリンピックは開催もまだ決まっていなかった。

「時代だよ、時代。店は荻窪の駅の近くにあったんだけど、線路のすぐ横に家が三軒建ってて、それが下に車輪がついている移動式の家だったんだよね。六坪くらいかなあ。トイレなんてもちろん付いてないよ。ご飯の支度は七輪だしてウチワでぱたぱただよ。そういう時代だったの」

店の二階での主人夫婦との共同生活だった。なんでもある都会だったが、唯一狭さには閉口した。屋根裏の三畳間で寝起きをする、丁稚のような生活が始まった。

仕事は忙しかった。毎日取次からダンボールに入った本が届く。その梱包を開けて検品し、棚に並べる本と配達する本とをわける。店の仕事が一段落したら配達だ。お得意さんに自転車で本を届ける。昭和三十三年にスーパーカブを買ってもらうまで、天気と季節に関わらず自転車を漕いだ。

「別に辛いとは思わなかったよ。休みも月に一回しかなかったけど、みんなそんな感じだったから。店で売れるのと同じくらい配達での売上げがあったんだよ。人件費が安かったからそういう商売が出来たんだろうね」

東京での暮らしにも慣れ、近所に友人知人が出来た。そんな知り合いの一人に古本屋さんがいた。その店の帳場の後ろに階段があり、二階に上がると田舎の青年には刺激が強すぎる「危ない雑誌」が詰まっている本棚があった。

「いや、すごかったね。びっくりしたよ、こっちはなんせそんなの見たことないからね」

仕事が終わるとこの店の二階にたむろすることが多くなった。桃色に染まる時間は格別だった。オリンピックの年、昭和三十九年に公団住宅が当たり一人暮らしを始める。友達とマージャンをしたりダンスホールに行ったり、この国の余裕と同じように島木さんにもゆとりが出来てきた。そうすると「独立」という言葉がひびいてきた。

「二四歳から三年間タバコもお酒も止めてお金を溜めたね。そのあいだは遊びも全然しなかった。その貯金と母親の方の実家の援助で吉祥寺に店を開いたんだよね。魚屋さんの隣の小さな店だよ。六坪くらいかなあ……。家賃は三万円。若かったからねえ、何にも怖くなかったよ」

店の名前が凄かった、なんと「一誠堂」。下の名前「誠一郎」の並べを変えただけらしいのだが。長年お世話になった親父さんも独立を許してくれて、昭和四十三年、円満に船出した。奥さんは存命で未だに荻窪に住んでおられるとか。たまに顔を出して様子を見ているらしい。律儀な人なのだ。

独立しても仕事の量は変わらなかった。いや、店員時代よりもお金の苦労を考えると辛いことが多かった。店番はバイトに任せ、自分は主に配達に走り回る。雑誌一冊の注文でも必ず届けた。時代は徐々に変わっていく。飛ぶように新本が売れた時は過ぎ去り、店の大型化も始まっていた。六坪の書店に時代の風は冷たく、昭和四十八年に店を閉じる。取次に支払った保証金二五万円が、掛け金を差し引いたら一二〇万の赤字になっていた。保証人になってもらった小学校時代の先生に迷惑をかけてしまった。

「借金はいろんな人にしたよ。古本屋になってからもしたからね。でもね、少しずつでも返したよ。月賦にしてもらってさ。いろんな人に迷惑はかけたね」

時は昭和元禄と言われた時代。田中角栄の列島改造論に乗って空前の土地ブーム。東京で知り合った友人が不動産会社の社長をやっていたので、そのつてを頼って会社に入れてもらう。住宅地を売る営業マンになった。

「結構売ったんだよ。富士市とか沼津とか静岡でね。売上げの一割を自分の取り分としてもらえるんだよね。そのお金もいままでの借金を返してなくなっちゃったよ。でもこのころ古本屋やってたら良かったらしいんだよね。吉祥寺なんかは家の建て替えで、良い買い物がいっぱいあったんだって。運がないのかねえ」

土地ブームの終焉とオイルショックのダブルパンチで、この不動産屋も倒産する。国鉄の社員食堂でご飯の釜焚きの仕事をしながら糊口を凌ぐ。戦後初めてのマイナス成長の年、島木さんの懐も寂しくなっていった。そんな彼を見かねた岩森書店さんの奥さんが、自分の兄弟である南部支部の飯島書店さんを紹介してくれる。そこで二年間働き仕事を覚え、今度は古本屋として独立を果たす。以前新刊書店を開いていた所がいまだ借り手がなかったので、そこにそのまま入った。棚も同じなら、看板もそのまま、入っている本が新本か古本かという違いだけ。

「岩森さんと飯島さんには本当に世話になったよ。もう未だに頭が上がらない。本当に全部だから、本からお金から、いっさいがっさいだから。本当にお世話になった」

開業して一年後、仕入れのことなども考えて組合に入る。店名はさすがにそのままはまずかろうと「島木書店」に変える。

「福島の島だし、飯島さんの島、鈴木の木、木も好きだしね。ちっちゃい島に木が一本ぽつんと生えている感じかな……。名前なんか適当につけたんだよ」

新刊屋と古本屋は「出会い」の数が全然違うという。機械的に配本された本をそのまま並べるだけの新刊屋と、お客や拾い屋さんが店に持ち込んだ本、市場で自分が欲しくて競り落とした本、そして明治や江戸という時代を経て手元に来た本、それらとの出会いは一つ一つが特別で数も多いという。

「それにね、なんか深いんだよ。出会いが深い気がするんだ。上手く言えないけど、そう思うんだよ」

開店してしばらくして古本の神が島木さんに微笑みかけた。名刺を置いていった先の家から電話があり、家を取り壊して改築するから本を引き取ってくれ、と。旧家の十畳間には古文書、和本が一面に広げられていた。聞けば先祖は茨城のさる藩で家老を勤めていて、その初代は豊臣秀吉から書状ももらったという歴史の古い家であった。この買い物で「うわ！」というお金が入って来たのだが、それも手元にあったのは一瞬だった。

「借金を返すのとか、あとは溜めてた家賃を払ったり、その頃娘が生まれたから生活につかったりとか。贅沢？　何にもしてないよ。嫁さんの実家になんかプレゼントしたのと、ケーキくらいは買ったかなあ」

この店も開店して四年で閉めることになる。それからは組合に籍を残すも、飛鳥書房さんの手伝いをして給料をもらう生活が始まる。去年は組合も脱退し、店員として古本屋人生を生きている。

「金に対して強引になれないんだよね、だからかな、どうも商売が下手なんだ。もちろんお金は欲しいですよ、それは」

数年前に偶然見たテレビの影響で俳句を始めた。短い言葉で自然を生命を、そして人生を表現する手法に惹かれ、六十の手習いで書きはじめる。

「流されるように生きてきたわけじゃない、俺なんかは。言ってみれば言葉以前の人生なんだよ。それも少しさみしいから、今まで生きてきたこと、感じたことを言葉にしているんだよね。そうだね、いままでの人生を言葉にしてるんだな」

売上げが多いと人格が高潔だって変な価値観があるんだよ古本屋は、と辰書房さんから聞いたことがある。たしかに、声の大きい人は、大きな商売をしている。そういう意味では何度も店をつぶし、いまや店員になっている島木さんは軽く見られるところがある。くだらない奴に揶揄される場面に立ち会ったこともあった。今まであったいろいろなことを聞かせてもらい、それを文章にしたいのですがという話をしたところ、何度も断られた。業界誌に載ることによって周りからいろいろと言われるのが面倒、という気持ちがあったのだろう。

　喜多方地方に「こづゆ」という伝統料理がある。干した貝柱だけで出汁をとり、里芋や人参などの根菜、わらびなどの山菜、そして生麩やシラタキが具として入っている。正月や祝い事の時に食べるハレの料理だ。貝柱の出汁は一口啜ると物足りなく感じるが、最後まで飽きが来ず、深いコクがある。季節の野菜もしっかり味を出し、豊かな風味を醸し出している。朴訥で口数の少ない島木書店・鈴木誠一郎さんは、そんな派手ではないがしっかりとどっしりとした伝統料理のような人だと思う。古臭いが、本物だ。話を聞き終えたあと、心の中で島木さんの人生に「万歳」を二度言った。三度目は人生を言葉にしているという俳句を読むときまで取ってある。

あとがき

この二年間に書きためた日記と、『古書月報』での聞き書きの記事（中央線・古本屋のひと）、それにこの三週間で一気に書き下ろした文章、この三つが合わさり本になりました。このどれもが生活の合間に書いた文章です。豚の角煮を煮ている傍らで、日記を書いたり。締め切り間際に、古書即売会の会場にパソコンを持ち込んだり。店が暇なときに一人カウンターの中で、ノートを開いて鉛筆で綴ったり。ニンニクの臭いや、古本のほこり、焼酎のシミが付いている、そんな文章です。

文章とは人である、とよく言われます。とても下手で日本語にもなっていないと、言われたときもあります。ゲラをなんども読み返し、手直しをしました。「お前はいい意味でヘンな教養がないなあ」と言いながら、担当してくれた中川六平さんも赤を入れてくれました。内容も、文章も、手抜きをせずに書いたつもりです。

湯煙を見上げながら考えていました。「こんな想いをしながらなぜ、店をやっているんだろう」と。売り上げも低迷し、お客と話すのもいやで、残ったつまみを捨てるのが日常だった、高円寺の初めのころに。

小杉湯の高い天井まで水蒸気が充満していて、数メートル先まで真っ白で、まるで雲の中で湯に浸かっているようでした。湯船の中で体を動かすと、それが波紋となって水面に広がり、その動きで湯煙も動きました。小さく動くと、小さく揺れ、大きく動くと、大きく揺れました。まるで湯煙とダンスをしているようでした。そんなことを夢中にやっていると、悩んでいるのが馬鹿馬鹿しくなり、店を開ける元気がでてきました。銭湯はいいものです。

最近はお湯に入る機会も少なくなり、浴びるように飲んでいた酒も、たしなむ程度になってきました。僕の体調も、精神も、落ち着いて元気です。それを寂しく思う人もいます。つまらない奴になったとも言われました。でも、僕は幸せですから、これでいいです。

店の掃除をこまめにするようになりました。ワインリストも作りました、お酒の種類も増やしました。おつまみも前より丁寧に作っているつもりです。最近は店の前に一〇〇円均一の本を置き始めました、それが結構売れるのです、本を売る楽しみを今更ながら感じています。

常連ばかりだったカウンターも、ぷらっと入ってくれるお客さんが多くなりました。女性が多く来てくれるようになったのが、いちばん大きな違いかも。

来なくなった人もいます。一時足が遠のいた人もいました。変わらずに来てくれている人ももちろんいます。一時落ちこんだお客さんも、今となっては差し引きでプラス、もっともっと増えていきそうです。人と人とが出会い、話をする、そんな場所になっていけそうな予感がします。

店は変わりました。店が変わると、来るお客さんまで変わったような気がします。そして、そんなお客さんに僕も変えてもらっています。人は人を変えるのですね。今夜もみんな美味しそうにお酒を飲んで、本の話をしています。

あなたの先に世界を見つけることが出来ました。ですから、あなたへの感謝はすべての人への感謝です。みなさまありがとうございます。

二〇〇八年七月

狩野俊

著者について
狩野俊（かりの・すぐる）
一九七二年福島県生まれ。洋書店勤務を経て、九八年、東京・国立に「コクテイル書房」を開業。半年後に店の一部を改装し酒を出し始める。二〇〇〇年、高円寺へ移転。「古本酒場コクテイル」を営む。

高円寺《こうえんじ》　古本酒場《ふるほんさかば》ものがたり

二〇〇八年八月八日初版

著者　狩野俊

発行者　株式会社晶文社

東京都千代田区外神田二-一-一二

電話（〇三）三二五五-四五〇一（代表）・四五〇三（編集）

URL http://www.shobunsha.co.jp

中央精版印刷・ナショナル製本

ISBN978-4-7949-6730-5　Printed in Japan